労使の争点がよくわかる

# ケーススタディ 労働事件の実務

広島弁護士会
労働法制委員会【編著】

ぎょうせい

# 発刊にあたって

　本書は広島弁護士会・労働法制委員会の手による著作です。同委員会は比較的新しくできた委員会ですが、所属委員には若手会員が多く、他の委員会やプロジェクトチームに劣らず活力に溢れています。同委員会では、若手会員のために勉強会を重ね、労働問題に真剣に取り組んできました。その成果をまとめたのがこの著作です。

　労働は、生活の糧、賃金を得るための手段であるばかりでなく、人間としての自己実現の意義を有するものです。しかしながら、現状は、富める者はますます富み、貧しいものはますます貧しくなる格差社会が進んでいます。子どもの貧困、親から子への貧困の連鎖ということも浮上してきています。このような社会にあっては、賃金を得るにも汲々とし労働による自己実現ということは困難なことのようにも思えます。

　この困難な時代であればこそ、労使協働、自己実現のできる良好な労働環境の形成が望まれるところです。血の通った本著作が、少しでもこのような希望に貢献できますことを願ってやみません。

　平成28年8月

　　　　　　　　　　　　　　広島弁護士会会長　　爲末　和政

# はしがき

　広島弁護士会労働法制委員会では、平成22年から、主に新人会員向けに、特定の事案を題材にして使用者側弁護士・労働者側弁護士がそれぞれの立場での意見を述べて進めていく形式の勉強会を実施してきました。新人の弁護士に、労使それぞれの立場で生の事件を疑似体験してもらえることを目的として始めた勉強会でしたが、回を重ねる毎に中身が充実したものとなり、この蓄積を書籍化して広く皆様のお役に立てていただきたいとの思いから今回の出版に至りました。

　勉強会は、聞き手にとってわかりやすく印象に残るものとするために、コーディネーター役の弁護士が、各場面において問題提起を行い、それに使用者側弁護士・労働者側弁護士が回答する形式で進めてきましたが、本書でもそのスタイルを維持し、読みやすさ・わかりやすさを意識して編集作業を進めました。書籍化にあたり、各章の最後には実務における注意点をまとめた「勝訴への道標」を設けて実用性を高めました。

　また、労使双方がコメントする形式をとった勉強会を書籍化した結果、本書は労使双方の主張がまとめられたものとなっており、使用者側・労働者側どちらにもご利用いただけるものとなっています。

　是非お気軽に手にとっていただき、労働事件の実務の流れをつかむきっかけとしていただければ幸いです。

なお、編集にあたりましては、株式会社ぎょうせいの担当者の方に有益なアドバイスをいただくとともに多大なご尽力を頂戴いたしました。深く御礼を申し上げます。

　平成28年8月

　　　　　　　　　　　　　広島弁護士会労働法制委員会
　　　　　　　　　　　　　　　委員長　　**長谷川栄治**

# 編集者・執筆者一覧

## 編集者

中井　　竜　　長谷川栄治　　藤井　　裕

## 執筆者

安西　紀皓（弁護士）

池上　　忍（弁護士）

犬飼　俊哉（弁護士）

工藤　勇行（弁護士）

高岡　　優（弁護士）

髙橋　浩嗣（弁護士）

中井　　竜（弁護士）

西　　剛謙（弁護士）

長谷川栄治（弁護士）

藤井　　裕（弁護士）

松岡　幸輝（弁護士）

向井　　良（弁護士）

三井　正信（広島大学教授・弁護士）

# 凡　例

## 1　本書の構成

　裁判例をアレンジして作成した各事案（Case 1～10）につき、コーディネーターの司会の下、労働者側・使用者側の弁護士に見解を訊ねたり、ときには弁護士同士で議論を闘わせたりしつつ争点を明らかにしていく。各事案の末尾には「勝訴への道標」と題し、両者において特に重要なポイントを簡潔にまとめた。

**コーディネーター**　　　　　　　　　　　　　**使用者側弁護士**

——それでは、本事例で、Y社が、懲戒解雇の意思表示と同時に、予備的な普通解雇の意思表示をしていた場合、この普通解雇は有効でしょうか。

　懲戒解雇のところで検討した事情によると、「最後の手段の原則」を踏まえても、Y社の普通解雇は、著しい業務命令違反という点において客観的に合理的な理由があり、社会通念上相当であって、有効と言えます。

　いくら業務命令違反とはいえ、普通解雇としても、相当ではない場合があり得ます。本件事案に即していえば、一度だけの業務命令違反では、「最後の手段の原則」からすると、普通解雇は難しいと考えます。

**労働者側弁護士**

## 2　裁判例

　裁判例を示す場合、「判決」→「判」、「決定」→「決」と略した。また、裁判所の表示及び裁判例の出典（代表的なものに限った）については、次に掲げる略語を用いた。

(1)　裁判所名略語

| | |
|---|---|
| 最大 | 最高裁判所大法廷 |
| 最○小 | 最高裁判所第○小法廷 |
| ○○高 | ○○高等裁判所 |
| ○○地 | ○○地方裁判所 |

(2)　判例集・雑誌等出典略語

| | |
|---|---|
| 民集 | 最高裁判所民事判例集 |
| 行集 | 行政事件裁判例集 |
| 集民 | 最高裁判所裁判集民事 |
| 労民 | 労働関係民事裁判例集 |
| 判時 | 判例時報 |
| 判タ | 判例タイムズ |
| 労経速 | 労働経済判例速報 |
| 労判 | 労働判例 |

# 目　次

## *Case1* 解雇（整理解雇、勤務成績・勤務態度の不良）… *001*
1　導　入　*004*／2　整理解雇　*005*／3　普通解雇（勤怠不良）　*008*

## *Case2* 懲戒解雇（私用メール、セクハラ）……… *023*
1　懲戒事由　*026*／2　メールの閲覧　*026*／3　懲戒処分の限界　*027*／4　懲戒解雇後の手続　*030*／5　紛争解決の手段　*031*／6　仮処分　*032*／7　セクハラ　*037*／8　仮処分決定後の手続　*041*

## *Case3* 懲戒解雇（業務命令違反）……………… *047*
1　導　入　*048*／2　懲戒解雇　*054*／3　普通解雇　*061*／4　実務の視点　*064*

## *Case4* 退職勧奨・整理解雇 ……………… *069*
1　問題点の分析　*069*／2　退職の申込みか解雇の意思表示か　*070*／3　Aからの相談への対応　*074*／4　バックペイのリスク　*076*／5　労働者側の方針決定　*076*／6　交渉の流れ　*077*／7　退職後の対応　*078*／8　紛争解決の手段　*080*

## *Case5* 有期雇用 …………………………………………… *087*
　1　導入（雇止め法理）　*088*／2　労働契約法19条の適用の有無　*092*／3　不更新条項の有効性等　*100*／4　関連問題　*103*

## *Case6* 残業代請求 ………………………………………… *109*
　1　残業代の請求根拠　*111*／2　労働時間　*113*／3　本事例での労働時間　*114*／4　残業代が未払いであるか否か　*118*／5　解決手続の選択　*121*／6　訴訟での主張・立証の流れ　*123*

## *Case7* 就業規則の不利益変更 ……………………………… *131*
　1　導入（労働条件の変更）　*132*／2　就業規則の不利益変更　*137*／3　不利益の意義と変更の合理性　*139*／4　手続の選択　*146*／5　請求の内容　*147*／6　証拠の収集　*149*／7　判決・和解後の処理　*150*

## *Case8* 配　転 ……………………………………………… *153*
　1　導　入　*155*／2　配転命令権の根拠　*155*／3　配転命令権の限界　*156*／4　訴　訟　*168*

## *Case9* パワハラ …………………………………………… *173*
　1　導入（パワハラの定義）　*176*／2　パワハラ相談の注意点　*178*／3　請求権の法的構成　*182*／4　証拠の収集・検討　*186*／5　法的手続の選択　*191*／6　訴訟における主

張・立証　*193*／7　雇用保険・労災請求　*195*／8　使用者側がとるべき対応　*199*

# *Case10*　私傷病と労務受領拒否 …………………… *203*
1　導　入　*204*／2　労働義務（労務）の内容　*206*／3　債務の本旨に従った履行の提供　*206*／4　相談対応　*209*／5　証拠の収集　*210*／6　解決方法　*211*

**裁判例等年月日別索引** ……………………………………… *215*

# Case1 解雇（整理解雇、勤務成績・勤務態度の不良）

1　事案の概要

　X社員は、車の販売・修理・車検を業とするY社に就職し、以後4年間、同社の山口営業所に配属され、営業マン（車のセールスマン）として勤務してきた。

　Y社は、営業地域を、関東、東北、東海、西日本、九州の各ブロックに分け、広く配転が行われている。西日本ブロックにおいては業績が悪化したことから、西日本ブロック内の支店及び営業所（大阪支店、高松営業所、広島営業所、山口営業所ほか）の再編を検討し、山口営業所については、売上の低迷、事務所費削減の必要性を考慮し、閉鎖することとした。

　山口営業所には、営業マン2名（Xほか1名）、修理・車検部門の担当者2名、事務職員の1名が常駐配置されていたほか、これらの上司であるC所長は、広島営業所長との兼務で、週1回程度、山口営業所に出勤して、各従業員らから営業業務の報告を受けていた。

　Y社では、山口営業所の閉鎖方針を決定後、X及び事務職員に対して退職を勧奨したところ、事務職員は退職に応じたが、Xは退職を拒絶したため、Y社としてはXを解雇する方針である。なお、他の1名の営業マンは、営業所の閉鎖方針を聞いて自主退職している。また、修理・車検部門の担当者2名は、広島営業所への配置転換を命じられている。

　なお、Y社の就業規則では、解雇事由について、次のとおり定め

ている。

　第48条　社員が次の各号の一に該当するときは解雇する。
　　(1)　精神又は身体の障害により、勤務に耐えられないとき。
　　(2)　勤務成績が不良で、勤務に適さないとき。
　　(3)　出勤常ならず、職責を果たさないとき。
　　(4)　やむを得ない業務上の都合によるとき。
　　(5)　その他やむを得ない事由があるとき。
2　X社員の弁護士への相談内容

　「先日、C所長と面談した際、山口営業所の閉鎖に伴って、私にさせる仕事がなくなるので退職を検討してほしいと言われました。私は、「日本全国どこへ転勤になってもいいし、もし営業マンが無理なら、何の仕事でもするから辞めたくない」と所長に返答しました。けれども、所長としては、私の能力不足や勤務態度の不良を問題視しており、自ら退職しないのであれば、解雇になるだろうと言われました。

　私の販売実績（売上金額）は、山口営業所のもう一人の営業マンの50％程度です。会社全体では80名の営業マンがいますが、年間の売上金額で比較すると、私は4年連続で70位以下です。所長によれば、4年連続でワースト10入りしたのは、私を除いて過去に例がないとのことで、能力不足というのは、そのことを指して言われているのだと思います。けれども、私は入社してまだ4年ですし、担当地域の異なる他の営業マンの成績と単純に比較して能力不足と言われるのもおかしいと思います。

　また、上司であるC所長とは折り合いもよくありませんでしたが、所長は、私が努力や工夫をしていることを報告しても聞く耳を

持たず、「他の社員に食べさせてもらっていて恥ずかしくないんですか」、「よくそれで平気で会社にいられますね」などと、私を馬鹿にしたような態度をとるため、私も口答えをしたことがありますが、それで勤務態度不良などと言われるのも一方的ではないでしょうか。私としては、どこへ転勤になってもいいので、会社を辞めたくありません。」

3　Y社C所長の弁護士への相談内容

「当社としては、Xが退職を拒むのであれば解雇したいと考えています。当社の営業マンは、転勤もある職種ですが、現状では、全国どの支店・営業所も、営業マンにせよ事務職員にせよ、人員は足りており、収支も赤字か僅かに黒字なので、Xを配転すると、その支店・営業所は確実に赤字になります。当社としては、余剰人員を抱えたくありません。

また、私はこの会社に入って30年になりますが、Xほど能力のない人を見たことはありません。山口営業所の営業マンは従来から2名配置でしたが、Xの前任者の営業マンも、Xの同僚営業マンも、Xの2倍程度の売上を上げています。全国的に見ても、4年連続ワースト10は、過去も含めて、Xしかいません。Xは、仕事を怠けるタイプではないのですが、とにかく顧客交渉の段取りや説明の仕方が悪く、そのことで顧客からクレームがついて決まりかけた契約がダメになったことが何度もあります。その度に、私は、段取りや説明のポイントについてレクチャーをしてきたのですが、実践できていません。人事考課のための面談記録にも、X自身が、段取りの悪さなど、自己の欠点について認めていたことが何度も記録されています。

Xは、当初は私の指導に素直に受け答えしていたのですが、ここ1年くらいは私が指導をしても反発し、時には口答えまでするようになりました。毎週、私に提出すべき営業活動の報告書類についても、ここ2か月くらいは提出が遅れがちになっています。このため、先日も、私が「他の社員に食べさせてもらっていて恥ずかしくないんですか」、「よくそれで平気で会社にいられますね」と注意をしたところ、大声で「私だって毎日必死にやってますよ！」と口答えしてきました。

　Xは、営業成績も悪く、指導も聞かず、やる気も失っており、改善するとは到底思えません。いきなり解雇するのもかわいそうなので、自ら退職すれば、会社都合の退職扱いにできるとして退職を勧奨しましたが、それも拒絶するのであれば解雇するほかありません。」

## 1　導　入

――**本件で、Xの解雇事由として何が考えられますか。**

　①整理解雇と②勤務成績・勤務態度の不良を理由とする普通解雇が考えられます。
　①整理解雇は、就業規則48条4号の「やむを得ない業務上の都合によるとき」に該当します。②勤務成績・勤務態度の不良を理由とする解雇は、就業規則48条2号の「勤務成績が不良で、勤務に適さない

とき」に該当します。

## 2　整理解雇

**――裁判実務上、整理解雇では、①人員削減の必要性、②解雇回避努力の履践、③人選の合理性、④労働者への説明・協議等手続の相当性という4要素又は4要件を検討し、その有効性が判断されます（整理解雇法理）。整理解雇法理は、解雇権濫用法理を具体化したものと考えられ、労働契約法16条の解釈・適用の問題となります。本件では、整理解雇法理のどの要素又は要件が特に問題になりますか。**

①人員削減の必要性と②解雇回避の努力を尽くしたかが問題になると思います。

### (1)　人員削減の必要性

**――①人員削減の必要性は認められますか。**

人員削減の必要性の程度については、様々な見解がありますが、裁判実務上、使用者の判断を尊重する傾向にあると思います。Y社は、西日本ブロックの業績悪化から、西日本ブロック内の支店・営業所の再編を検討し、売上が低迷する山口営業所の閉鎖を決定していますので、閉鎖に伴う余剰人員を削減する必要性があると考えられます。

業績悪化だけで直ちに人員削減の必要性が認めら

れるわけではありません。問題の山口営業所はどの程度売上が減少しているのか、又は赤字になっているのか。本事例では詳細が不明ですが、他の支店等でも収支は赤字か僅かに黒字ということなので、少なくとも高度の必要性は認められないと思います。

――**必要性の程度は、整理解雇の有効性を検討する上でどのような意味を持っているのでしょうか。**

　最近の裁判例の多くは、要件説ではなく、要素説（総合考慮説）に立っていると言われています。整理解雇も解雇権濫用法理が適用される類型ですので、総合考慮説にもそれなりの合理性があると思われます。しかし、総合考慮説の考え方からすると、人員削減の必要性が低い場合には、相関的に解雇回避の努力が強く求められるべきだと考えます。

(2) 解雇回避努力の履践

――**Y社は、解雇回避の努力を尽くしたと言えるでしょうか。**

　整理解雇の場合、使用者は、他の手段によって解雇回避の努力をする信義則上の義務を負うとされています。配転・出向、希望退職の募集等の解雇以外の手段を試みず、いきなり整理解雇の手段に出た場合には、当該解雇は解雇権の濫用として無効と解されています。

本事例では、退職勧奨は行われていますが、詳しい事情は不明です。本件は、いわゆる閉鎖型の整理解雇ですので、特に、他部署への配転可能性を検討したのか、仮に検討したとして配転の措置をとらなかった理由は何なのかが、具体的に問われると思います。この点に相当な理由が認められなければ、解雇回避の努力を尽くしたとは言い難いと考えます。

──**本事例では、他の支店では人員は足りている、さらに、Xを配転するとその支店は赤字になるという事情があります。このことは使用者の解雇回避の努力と何か関係はありませんか。**

　解雇回避の努力を検討するに際し、使用者の期待可能性が考慮されます。例えば、配転の検討に当たり、明らかな余剰人員である場合には、使用者の解雇回避の努力の程度は下げてもよいと思います。また、労働者の勤務成績や勤務態度を加味して、配転可能性を検討する必要もあります。

──**Y社では、これまでの人事措置として広く配転が行われていますし、また、山口営業所の事務員が2人退職となり、それなりの経費削減の目処も立っていることなどから、配転を困難にする使用者側の事情はないようにも思われます。他方で、労働者の勤務成績・勤務態度の不良という労働者側の事情が、配転可能性を否定する方向の事情となり得るとも考えられます。それ故、整理解雇を行うに当たっても、労働者の勤務成績・勤務態度の不良が問題になるのですね。**

## 3　普通解雇（勤怠不良）

——勤務成績・勤務態度の不良を理由とする解雇について考えてみましょう。Xは、就業規則48条2号の「勤務成績が不良で、勤務に適さないとき」という解雇事由に該当し、普通解雇の合理性・相当性があると言えるでしょうか。

　エース損害保険事件（東京地決平成13年8月10日判時1808号129頁）では、勤務成績・勤務態度の不良を理由として解雇する場合は、単なる成績不良ではなく、①企業経営や運営に現に支障・損害を生じ、又は重大な損害を生ずるおそれがあり、企業から排除しなければならない程度に至っていることを要するとされています。また、それに加えて、②是正のため注意し反省を促したにもかかわらず、改善されないなど今後の改善の見込みもないこと、③使用者の不当な人事により労働者の反発を招いたなどの労働者に宥恕すべき事情がないこと、④配転や降格ができない企業事情があることなども考慮して濫用の有無を判断すべきであるとされています。

### (1)　勤務成績の不良

——単なる勤務成績の不良では足りなくて、今言われたような場合に限定するというのは、どういう考え方が背景になっているのでしょうか。

　日本の場合、特に正社員の場合は、定年まで勤務を継続していくということを一応前提として、いわ

ゆる長期雇用システムの下で、雇用関係が成立してきました。待遇面にしても、その時々でどれだけ能力を発揮したかということよりも、勤務実績を考慮して年功序列的な要素で決められている側面が強いと言えます。また、能力開発・社員教育の責任は第一次的には使用者にあります。その裏返しとして、使用者は、業務命令権に基づき、労働者に社員教育を受けることを命ずることができ、社員教育の内容も使用者に幅広い裁量が認められています。基本的に労働者は使用者の教育に否応なく従わなければなりません。それなのに、一定の期間の成績の良し悪しにだけに着目して、成績が悪ければ解雇できるのでは、労働者の不利益が大きいという考え方だろうと思います。

——**単なる勤務成績の不良では足りなくて、企業から排除しなければならない程度の著しい勤務成績の不良である必要があるし、今後の改善の見込みもないことが必要とのことですが、そもそも、成績の良否、能力の有無、その程度は、どのように評価されるべきでしょうか。**

　勤務成績や能力について、他の社員との比較で評価する場合、いわゆる相対評価の場合には、常に下位の成績の者が生じます。相対評価で成績が下位だというだけでは、著しい成績不良とは言えないと思います。

本来的には、長期雇用システムの下で、定年までの勤務を前提として雇用された集団の中にいるわけですから、単に、その集団の中で成績・能力が下位であるというだけではなく、当該労働者の成績・能力そのものを評価して、企業から排除しなければならない程度に著しく不良だと言えなければならないと思います。

——いわゆる絶対評価でないといけないわけですね。仮に訴訟になった場合、本事例では、労働者側はこの点をどのように主張していきますか。

　本事例の場合、確かに、Xは成績良好とは言えないかもしれません。しかし、基本的には、他の営業マンと比較をして成績が下位であるというだけなので、企業から排除しなければならない程度に著しく不良だとは言えないと主張することになると思います。あとは、使用者のほうで、絶対評価でも著しく不良であることをいろいろな事情から主張するでしょうから、その根拠を批判し、反論することになると思います。

——使用者側としては、労働者の成績・能力について、絶対評価として著しく不良であると言うためには、どのような点に留意していくことになるのでしょうか。

　Y社としては、Xに求められる最低限の能力・成

績とは何かをできるだけ明確にし、最低限の能力・成績にさえ達していないことを主張・立証することになります。長期雇用システムという考え方が一応前提になるとしても、入社する際にどんな能力の人でもよいというわけではなかったはずです。抽象的であるとしても、一定の能力のあることを想定して雇用契約が締結されているはずです。まずは、Ｘが雇用された時に想定されたはずの、一定の能力とはどんなものであったか、次に、Ｘがそれを下回る能力しか発揮できていないというのは、なぜそのように言えるのかを確認する必要があると思います。

——まずは、Ｘが雇用された時に想定されたはずの、一定の能力がどんなものであったかを考えるとのことですが、具体的には何を検討するのでしょうか。

入社・採用の経過、経歴、採用面接でのやり取り、それから雇用契約の内容は、必ず検討することになると思います。本事例では、この辺りの事情は不明ですが、例えば、Ｘが新卒一括採用で入社したのか、それとも中途採用なのか、中途採用の場合は、以前に営業職の経験があったのか、ヘッドハンティングだったのか、ハローワークの紹介だったのかなどによって、想定された能力は違ってくるものと思います。

——契約内容でいうと、待遇面（賃金の多い、少ないということ）も関係して

**くるのでしょうか。**

> 例えばＸが中途採用だった場合に、新卒一括採用の労働者の年収が250万円であるのに対し、Ｘの１年目の年収が500万円であるとすると、契約時には、当然、高い待遇に相応する能力の発揮が想定されていたことになります。

**――なぜ、採用面接でのやり取りを確認するのですか。**

> Ｘが、営業能力に着目されて、営業職を前提に採用されたのか、それとも、他の職種への配置もあり得る前提で採用されたのか、つまり、使用者の適性判断によって営業職へ配置されただけなのかということは、重要な考慮要素になると思います。Ｘの経歴とともに、採用面接でのやり取りも確認しておく必要があります。

**――採用時に、特に営業能力に着目して採用されたわけではなくて、他の職種への配置もあり得る前提で採用されたということであれば、採用後に使用者が適材適所の判断を誤っただけで、解雇しなくても他の職種へ配置転換すればよいことになりそうですね。**

> ただ、その場合でも、例えば、入社・採用の時には、本人が強く営業職を希望していたとか、過去に、他職への配置転換を本人が拒んだこともあるという事情があれば、また話は別だろうとは思います。そ

れから、今の話は、厳密な意味で職種を営業職に限定して雇用契約が締結されたかどうかではなくて、あくまで、営業能力に着目して採用されたのかどうかという意味での話です。

**――他職種への配置転換について、労働者側としてはどのように考えるのでしょうか。**

　本事例では、Ｘ本人も何の仕事でもすると言っていますし、修理・車検部門の従業員は他支店へ配転になっているようですので、Ｘを他職種へ配置転換して解雇を回避すべき努力を怠っていると主張します。この点に関連して、Ｙ社では、職種間の配置転換が滅多にないのか、それなりにあることなのか、営業成績の芳しくない労働者が修理や事務に配置転換になった例はないのか、就業規則に職種の限定や転換についての規定があるかどうか、修理・車検部門の専門性の程度、Ｘの学歴・経歴・資格・修理業務の実務経験等も確認して主張する必要があると思います。

**――Ｘの過去の勤務成績がよくない、同僚や前任者の50％の売上である、全社的に見ても、４年連続ワースト10であるとか、それは過去に例がないという事情について、労働者側は、どのように反論しますか。**

　基本的には相対評価であること、それから、例え

ば、同じ営業マンだといっても、Xとはキャリアが違うこと、キャリアが違えば成績に差が出る業種であること等を主張できる事情があれば、かかる事情を主張することになると思います。また、担当地域によって、営業マンの売上に具体的にどのような差異があるのか、それはなぜなのかということをXに確認し、主張することになります。要するに、営業成績が低迷している要因が、Xの属人的な能力や努力の問題なのか否かを検討しながら主張することになると思います。

**――労働者側としては、相対的評価であることを主張する以外の点から、使用者側の勤務成績の不良という主張に対する反論は考えられますか。**

使用者のXに対する指導、教育が不十分だったのではないか、相応の指導、教育がなされているのであれば、これから先の成績改善が見込まれるのではないか、という観点からの反論を検討しなければならないと思います。つまり、期待された能力が発揮されていない要因としては、使用者側の指導、教育が不十分であるということもあり得るわけです。また、Xが新卒採用後4年目の人であれば、指導、教育の効果が現れるまでにある程度の期間は必要なはずで、今の時点で著しい能力不足というには時期尚早という指摘ができると思います。

──Xが中途採用で、前職も営業職だったこと、つまり営業能力に着目されて採用されていた場合でも、指導、教育や入社後の期間というのは、考える必要があるのでしょうか。

前職が同じ営業職といっても、業界、業態あるいは扱う商品が異なれば、営業のノウハウは様々かもしれません。担当地域の特性、購買層によってもノウハウが異なる可能性もあるかもしれません。指導、教育の有無を全く無視することはできないと思います。

──本事例ではどうでしょうか。

本事例では事情が不明な点もありますが、まずは、所長が週1回営業所に来て、どのような指導を行っていたのかを検討する必要があります。他の営業マンや、新入社員と比較し、Xに対する指導、教育が不十分だったかもしれません。例えば、入社後、2～3か月は先輩営業マンの営業に同行したり、2～3年間は先輩の営業を補助する仕事も兼務したりしながら、OJTを受けるのが通常なのに、Xが配転された営業所は人員不足のために、そうしたOJTが一切なかったということであれば、やはり指導、教育不足の事情として主張すると思います。

使用者側としては、上司のC所長によれば、人事

考課のための面談記録に、Xが自分の能力不足を認めている記録もあるようなので、そうしたXの自己評価の記録を検討することになります。また、人事考課をどのような方法で実施しているのか、評価対象、評価基準及び評価方法を確認し、Xの成績・能力評価に役立つ情報があれば、それをもとに主張することになります。

(2) 勤務態度の不良

――次に、勤務態度の不良についてはどうでしょうか。勤務成績の不良と併せて解雇事由とされることもよく目にしますが、労働者側としてはどう考えるべきでしょうか。

　勤務態度の不良も、労働義務の不完全履行と捉えることができます。ただ、勤務成績の不良と同様に、長期雇用システムの下では、解雇には、「最後の手段の原則」が適用され、労働義務の違反の程度が重大で、雇用の継続を期待し難い程度に達していることが必要となります。

――本事例では、どう考えますか。

　Xが指導に従わないとしても、その指導が適切な内容なのか、例えば、抽象的な内容で道筋を示すようなものでなかったり、見方が一面的、一方的であったりしていないかという点を検討します。Xは、

自分なりに工夫したことを報告しても、C所長は聞く耳を持とうとしないと説明していますので、指導が適切ではないという事実がうかがえます。仮に、指導が適切なものでも、それに従わない事実が多数回繰り返されていない場合、軽微な服務規律違反にとどまり、いまだ解雇を正当化できないと思います。営業活動の報告書類の提出が遅れがちな点も、遅れている理由がやむを得ないものではないか、また、2か月という期間をもって、いきなり解雇というのは行き過ぎではないかということも、指摘すべきと思います。C所長と口論になったことについても、所長の指導・対応が上司として妥当なものであったかが問題になります。

**——使用者側としては、どのような点に留意すべきでしょうか。**

勤務態度の不良の事実のうち、指導に従わないという事実は、勤務成績の不良の根拠事実にもなることをきちんと押さえて、事実関係を検討することが必要です。裁判例では、基本的に、勤務成績の不良という評価は、勤務成績だけではなく、適切な指導をしたがその指導に従わないという事実も踏まえた上で評価すべきと考えられているようです。さらに、労働者側の主張の裏返しですが、一つ一つは軽微な服務規律違反であっても、それらが合わされば

重大な規律違反となり、また、企業秩序違反となります。そのような視点でも検討すべきです。勤務態度が不良な労働者は、その不良性が具体的な行動になって現れている可能性があります。それらに対し、改善を促し、その機会を与えたのに、繰り返していることになると、業務命令違反と評価ができ、重大な規律違反となります。したがって、勤務態度の不良を解雇事由とする場合、日頃から、指導の経過を記録したり、労働者には業務報告書を作成させたりして、指導や勤務態度の不良を証拠化しておくべきです。

# 勝訴への道標

　表面的には「勤務成績の不良」が解雇の理由とされているケースでも、文字どおり「成績の不良」だけが理由とされている事案であるのか、それだけではなく、実質的には「勤務態度の不良」に類する事柄も併せて主張をされている事案であるのかに留意をして主張を検討する必要があります。

　前者（「成績の不良」）については、①その評価が客観的・合理的なものであるか、②一応、客観的・合理的なものであるとしても相対的評価にすぎないのではないか、③成績が振るわないのが事実としても本人のせいにばかりはできない事情もあるのではないか、④指導教育、本人の努力の継続等によって改善の見込みもあるのではないかといった様々な視点から、解雇事由としての相当性を裁判所に厳しくチェックするよう求めることが必要となります。

　後者（「勤務態度の不良」に類する事柄を使用者側が主張している場合）については、具体的な事実関係の存否や、経過事実なども慎重に確認して丁寧に認否・反論することも大事です。この点を軽視していると、内容次第では、裁判官が、本人の意欲に

疑問を抱いたり、他の職場労働者への悪影響を慮ったりして、社員としての適格性が欠けるという心証を形成してしまうおそれもあるためです。

　また、「成績の不良」にせよ、「勤務態度の不良」にせよ、本人（労働者）にとっては、それに反論・弁明すること自体が、強い心理的な負担を伴う作業であることも少なくないため、代理人は、そうした心理にも配慮をしながら、真摯に反論・弁明することの重要性を本人（労働者）に理解してもらうことも肝要だと思います。

　会社の一支店、一営業所、一部門の収支が悪化している場合、使用者としては、全社的な経営判断として、当該事業所などの閉鎖を検討する場面に直面します。そういった場合、経営判断を先行させるがあまり、解雇回避努力の履践などが不十分なまま解雇に至る事案が散見されるところです。経営判断としては間違っていませんが、労務管理としては不適切といった結果となってしまうことは非常に残念なことです。

　総合考慮説に立つとしても、使用者の立場としては、4要素（要件）を個別に考え、それぞれの要件を満たしているかを慎重かつ客観的に検討するべき

だと思料します。労働者への説明に際し、可能な限り客観的な資料を揃え、できるだけ具体的な説明を行えるよう準備することが大切です。客観的な資料、具体的な説明内容は、仮に紛争に至った場合にも、重要な事実・証拠となります。

　他方、勤務成績が不良の労働者の解雇についても、まずは、労働者に対し、使用者としては「不良」と判断せざるを得ないこと、その点につき改善を求めることについて、客観的な資料に基づき、具体的な説明を試みることで、使用者の判断に客観的な視点が生まれます。この場合の客観的な資料としては、業務日報や、人事考課の際の面談記録等が考えられます。また、厚生労働省では、職業能力評価シートの書式を発表しており、このような「評価」を使用者と労働者が共有できる制度を採用することで、無用な紛争を回避できるのではないかと思料します。

# Case2 懲戒解雇
（私用メール、セクハラ）

1　事実経過について

■平成27年9月30日

　Y社（従業員数30名程度の出版社）で、営業課長のX（部下は5名）が、勤務時間中に、業務用パソコンを使用して、業務に無関係なインターネットのウェブサイトを閲覧し、風俗関係サイトを介してメールを送受信していたことが判明した。Y社は、Xに対し、即時に懲戒解雇を通告し、翌日からの出社を拒否した。なお、Y社では、業務用パソコンを従業員に貸与するに当たり、その履歴データをモニタリングすることにつき、Xを含む全社員から同意を得ていた。

■同年10月7日

　Xの代理人弁護士より、Y社宛てに通知書が届く。その内容は、「懲戒解雇は重きにすぎる。他の社員も勤務時間中に業務と無関係のウェブサイトを閲覧したりしている。懲戒解雇は相当でなく無効である。同年10月14日までに解雇を撤回しなければ、法的措置を講ずる。解雇理由を速やかに文書で回答されたい。」というものであった。

■同年10月8日

　元派遣社員のAより、Y社の人事部長Bに対して、Xからセクハラを受けたとの申告があった。Aは、同年4月5日より営業課内で派遣社員として就労していたが、同月末日限りで「一身上の都合」

を理由にＹ社での就労を辞していた。Ａの被害申告の概要は次のとおりであった。

「平成27年4月10日、Ａの歓迎会が居酒屋で催された。Ｘを含め営業課員6名が参加した。途中、Ａはトイレに行ったが、トイレから出た所にＸがいて、嫌がるＡの両腕を掴んで無理矢理にキスをした。『やめてください』と言ったが、Ｘは、Ａの臀部をなでまわしながら、『おとなのつきあいだね』と言った。その時、居酒屋の店員が現れ、『どうかされましたか。』と声をかけたため、ＸはＡから離れ、先に席へ戻った。Ｘが戻った後、その店員から、『全部見ていましたから、証人が必要なら言ってください。私はＣといいます。』と告げられた。トイレは店の奥まったところにあり、他の参加者はセクハラに気付いていないと思う。歓迎会以降、ＸとＡが話をすることはほとんどなく、セクハラ行為もなかったが、怖くて、4月末で派遣就労を辞めた。今回、Ｘがクビになったと伝え聞いて、申告することを決心した。」

■同年10月9日

人事部長Ｂは、Ａの申告事実につき、営業課員らに話を聞いたが、事の真偽のわかる者はいなかった。また、歓迎会のあった居酒屋へ「Ｃ」の所在を確認したところ、同人はアルバイト店員で、現在は海外へ渡航中、帰国は平成28年3月末の予定、海外の連絡先はわからない、帰国後は店に連絡があるだろう、とのことであった。

■同年10月10日

人事部長Ｂは、Ｘに電話連絡し、セクハラ被害の申告のあったことを告げ、事実確認の面談を求めたところ、Ｘは、弁護士に相談して回答するので待ってほしいと述べた。

■同年10月11日

　人事部長Bは、Y社の顧問弁護士を訪問し、Xの代理人弁護士から届いていた「通知書」への対応、セクハラ被害の申告への対応について相談した。

　他方、Xは、解雇事案の解決を依頼した代理人弁護士の事務所を訪問し、解雇問題の解決と、会社から面談を求められていることへの対応を相談した。

2　Y社の就業規則（抜粋）

　第11条（遵守事項）

　　従業員は、次の事項を守らなければならない。

　1．勤務中は職務に専念し、みだりに勤務場所を離れないこと

　2．許可なく職務以外の目的で会社の施設、物品等を使用しないこと

　3．正当な理由なく、会社の名誉又は信用を損なう行為をしないこと

　（以下、略）

　第12条（セクシュアル・ハラスメントの禁止）

　　従業員は、次に掲げるセクシュアル・ハラスメント行為をしてはならない。

　1．不必要な身体への接触。

　（以下、略）

　第47条（懲戒解雇）

　　次に該当する場合は懲戒解雇に処する。ただし情状によっては、諭旨退職、減給又は出勤停止にとどめることができる。

　1．正当な理由なく無断欠勤日7日以上に及ぶとき。

2．第11条の遵守事項を守らず、その程度が著しいとき。

3．第12条に違反し、その程度が著しいとき。

4．その他前各号に準ずる程度の不都合な行為のあったとき。

## 1 懲戒事由

──**本件では、Y社はどのような根拠に基づき懲戒解雇を行っていますか。**

　Xは、勤務時間中、Y社の業務用のパソコンを使用して、業務とは関係のない風俗サイトを閲覧し、メールを送受信しています。Xは、「許可なく職務以外の目的で会社の施設、物品等を使用しないこと」という就業規則11条2号に違反しています。また、仮に、Xが使用したドメインや署名からY社が特定可能であった場合、「会社の名誉又は信用を損なう行為をしないこと」と定める就業規則11条3号にも違反しています。そこで、これらの違反の程度が著しいものとして、就業規則47条2号により懲戒解雇を行ったと考えます。

## 2 メールの閲覧

──**本件では、従業員に貸与していた業務用のパソコンの履歴データを会社がモニタリングすることにつき全社員から事前に同意を得ています。このように会社が従業員のパソコンをモニタリングすることに問題はないのでしょうか。**

平成12年12月20日、当時の労働省から「労働者の個人情報に関する行動指針」が発表され、同指針では、使用者が、職場において、モニタリングを行う場合には、①法令に定めがある場合、②犯罪その他の重要な不正行為があるとするに足りる相当の理由があると認められる場合を除き、労働者に対し、実施理由、実施時間帯、収集される情報内容等を事前に通知するよう求めています。また、常時、モニタリングを行うことは、労働者の健康及び安全の確保又は業務上の財産の保全に必要な場合に限り認められるとしています。

　また、裁判例（Ｆ社Ｚ事業部事件・東京地判平成13年12月3日労判826号76頁等）においても、監視の目的、手段、その態様等を総合考慮し、監視される側に生じた不利益を比較考慮の上、社会通念上相当な範囲を逸脱した場合には、プライバシー権を侵害すると考えているものが多いと思います。

## 3　懲戒処分の限界

——Ｙ社では、就業規則上の懲戒規定に基づいて懲戒解雇が行われています。労働者側代理人としては、このような懲戒解雇処分の限界をどのように考えますか。

使用者の懲戒権の行使は、「当該具体的事情の下

において、それが客観的に合理的理由を欠き、又は社会通念上相当として是認することができない場合に権利の濫用として無効になる。」として、懲戒処分の限界が認められます。

――判例としてはどのようなものがありますか。

ダイハツ工業事件（最二小判昭和58年9月16日集民139号503頁・判時1093号135頁）等があります。

――実体法上の根拠としてはどのような規定がありますか。

労働契約法15条で、先ほどの判例法理が実定法化されています。

(1) 懲戒処分の相当性

――本件では、どのような点が問題になりますか。

本件事案において、懲戒解雇という処分が、「社会通念上相当か否か」が問題になります。

――処分の相当性の具体的内容はどのように考えるのですか。

懲戒事由とされた行為の態様、動機、業務に及ぼした影響、損害の程度、労働者の態度、情状、処分歴、行った背景、会社側の起因性の有無・程度等です。また、当該会社の社会的な立場や業務内容も重要な要素となるでしょう。これらの要素を、会社の

> 信用失墜という観点、業務専念という観点から総合的に判断します。

**——これらの要素について、当事者や関係者からの聴取が必要なことは、労働者側の弁護士であっても、使用者側の弁護士であっても同様だと思います。使用者側の弁護士としては、B部長から、具体的にどのような点を聴取しますか。**

> 設例には、「出版社」とのみ記載されています。まずは、どのような出版物を取り扱っているのかを聴取します。例えば、風俗関係の書籍を出版している会社と、教科書などを出版している会社では、処罰の相当性に影響が生ずると考えるからです。また、Xが送信していたメールの内容、送受信の頻度、期間なども聴取して、メールそのものを確認します。

**——この点、本件と類似した事案での裁判例はありますか。**

> K工業技術専門学校事件（福岡高判平成17年9月14日判タ1223号188頁）があります。同判決では、「専門学校の教師」が、勤務先から貸与されたパソコンを使用して、「出会い系サイト」に登録し、勤務時間内に「大量の私用メール」のやり取りを行ったことを理由に懲戒解雇された事案について、懲戒解雇は、解雇権の濫用に当たらないと判断されています。

(2) 懲戒手続の適正性

**——本件懲戒解雇の有効性を検討するに当たり、処分の相当性以外に、本件で**

は他に何が問題になるでしょうか。

　裁判例・学説では、懲戒処分は労働者にペナルティーを与えるものであることから、適正な手続に従って懲戒処分が行われることが求められています（中央林間病院事件・東京地判平成8年7月26日労判699号22頁参照）。

　就業規則や労働協約で懲戒についての手続が定められている場合には、当該手続が遵守されなければなりません。そのような規定や協約がない場合にも、最低限、労働者に弁明の機会が与えられることが必要です。裁判例でも、手続的な瑕疵を、懲戒解雇を無効とする理由の一つとして判断しているものがあります。

　本件では、Y社は、Xに即時に懲戒解雇を通告し、翌日からの出社を拒否しているので、適正な手続に従って懲戒処分が行われたか否かが問題となるでしょう。

## 4　懲戒解雇後の手続

——使用者側代理人として、Y社に対し、懲戒解雇を行った後の手続について、どのようにアドバイスしますか。

　Y社からXに対し、健康保険被保険者証の返還を求め、雇用保険被保険者証と雇用保険被保険者離職

票を渡し、私物を引き上げるように伝えてください と指示します。また、就業規則や賃金規定に、退職金に関する規定があり、懲戒解雇の場合の不支給が定められていない場合には、退職金を支払うように言います。私用メールでの懲戒解雇が有効であることを前提に、その余の手続を粛々と進めていくようアドバイスします。

——**Y社から離職票等が送付されてきた場合、労働者側代理人としては、Xに対し、どのような対応をアドバイスしますか。**

まず、「仮給付」という言い方をしたりしますが、解雇を争いながら、失業手当を受給するということが実務上認められています（「雇用保険に関する業務取扱要領」雇用保険給付関係第18－53201以降）。離職票には、離職理由について、労働者の意見を記載する部分がありますので、当該箇所に使用者の意見に異議があること及び労働者の具体的な意見をきちんと記載して、ハローワークに行って、失業手当の受給手続を行うようアドバイスをします。

## 5　紛争解決の手段

——**懲戒解雇の有効性を争う方法として、いくつかの法的手段がありますが、どのような基準で解決手段を選択されますか。**

本件では、地位保全及び賃金仮払いの仮処分の申立て、労働審判の申立て、訴訟提起が考えられます。
　早期に救済を受けなければならないことを考えれば、仮処分か労働審判かになろうかと思います。どちらを選択するかは、色々な意見があると思いますが、私は、その労働者にとって、話合いでの解決がよいと思えるケースについては労働審判の選択を助言しています。逆に、きちんと白黒をつけるほうがよいと考えた場合や、そもそも話合いでの解決が困難と見込まれる場合であれば仮処分の選択を助言しています。ただし、仮処分を認容してもらうためには、保全の必要性が認められることが必要です。

## 6　仮処分

**──仮処分について地位保全の仮処分と賃金仮払いの仮処分と二つの種類の仮処分を言われましたが、賃金仮払いに加えて、地位保全の仮処分の申立ても検討する理由は何ですか。**

　社会保険の被保険者資格を復活させるためです。
　社会保険の実務では、原則として、使用者が解雇した場合、明らかにその解雇が労働法規、労働協約に違反していることが年金事務所等で認められない限り、一旦は資格を喪失させるという取扱いになっています。そうすると、労働者のほうでは、無保険

になるわけにはいかないので、国民健康保険に加入するしかないということになり、そのためには保険料を納めないといけません。ただし、国民健康保険の場合、保険料がこれまでの社会保険料と比較すると高額になるケースがあるので注意が必要です。

また、社会保険の実務でも、裁判所が地位の保全を認める決定を行えば、解雇の時に遡って資格喪失を取り消す、つまり、被保険者資格を復活させるという通達（昭和25年10月9日保発第68号）に沿った運用が行われています。社会保険の被保険者資格を復活させるために地位保全の仮処分を求めることを検討する場合があります。

**――失業手当の仮給付について、裁判所が賃金の仮払いを命じた場合には、先に受給している失業手当は、どうなるのでしょうか。**

受給した失業手当分も含めた額での仮払いが認められた場合には、返還しなければなりません。

**――仮処分については保全の必要性が認められることが前提であるというお話でしたが、この点を説明していただけますか。**

賃金仮払いの仮処分の場合、仮払いを受けなければ、当該労働者の生計が成り立たないという趣旨での保全の必要性を疎明する必要があります。

例えば、配偶者にも収入があるといった場合や、

> それなりの貯蓄があるといったケースでは、それでもなお賃金の仮払いがなければ生計が成り立たないことについて、具体的な疎明が必要となります。

――失業手当の仮給付を受けている場合、そのことを保全の必要性を否定する事情として考慮してよいでしょうか。

> 解雇後の賃金が支払われたならば、返還するという前提で失業手当の給付を受けています。返還すべきものとして給付を受けているのですから、保全の必要性を否定する事情として考慮するのは、私はおかしいと思います。

――例えば、仮に、懲戒解雇されるよりも以前の期間について、未払賃金があった場合、その点も含めての仮処分の申立てはできませんか。

> その未払賃金の支払を受けなければ、生活が立ち行かないというような事情が疎明できるのであれば、それも含めて仮払いを求めるということになろうかと思います。ただし、保全の必要性については、より厳しく見られると思います。

――民事保全法14条には、仮処分を発する条件として担保を立てさせ、あるいは立てさせることを条件として発することができると規定されています。担保の提供は申立ての障害にはならないのでしょうか。

> 地位保全や賃金の仮払いの場合、労働者が生活に

困窮していることが前提となっています。担保を求められることは、まずないと考えてよいと思います。

──仮処分の場合、審尋は必要となりますか。

民事保全法23条4項により、原則として審尋は必要となります。

──仮に、Xが、仮処分を申し立ててきた場合、使用者側代理人としては、Y社に対しどのようにアドバイスしますか。

メールの回数、頻度、内容及び本人の弁解内容を確認し、会社の主張をまとめて、反論の準備をします。しかし、事情を確認した結果、懲戒解雇の有効性に疑問がある場合には、セクハラの事実調査を併行して行い、仮処分が認められる場合を想定して、ある程度の解決金を積んで話合いで落着させるか、場合によっては、懲戒解雇を撤回することも検討すると思います。また、懲戒解雇を撤回した場合には、仮処分手続は終了しますが、セクハラに関して調査中ということで、自宅待機を命ずることの可否についても説明します。

──Y社のB部長から、「解雇理由を書面で明らかにせよ。」との通知書に対する相談をされた場合、どのようにアドバイスしますか。

労働基準法22条1項に、解雇理由証明書を労働者

に交付することが義務化され、罰則規定（労働基準法120条1項）もあることから、解雇理由証明書を送付するようにアドバイスします。

――解雇理由証明書には、解雇理由をどの程度記載する必要がありますか。

　通達（平成11年1月29日基発第45号）では、「就業規則の一定の条項に該当することを理由として解雇した場合には、就業規則の当該条項の内容及び当該条項に該当するに至った事実関係」を記載することが求められています。ただし、あまり具体的な内容を書きすぎて、当事者間に無用な感情の対立が生じてもいけません。どの程度の具体的な事実を書くかは難しい問題ですが、とりあえずは、簡潔な記載にとどめるようアドバイスします。

――簡潔といっても、最低限記載すべき事実はありますか。

　労働者が、いつ、どこで、何をしたかという、行為の特定は、最低限記載すべき事項になると考えます。

――本件では、メールでの懲戒解雇の後に、Aからのセクハラ被害についての申告がなされていますが、もし、セクハラの事実が確認できるような場合、セクハラの事実を、解雇理由として記載できませんか。

　懲戒当時、使用者が認識していなかった非違行為

は、特段の事情のない限り、当該懲戒の理由とされたものではないことが明らかです。その存在をもって当該懲戒の有効性を根拠づけることはできません。そこで、セクハラの点は、解雇理由として記載できないと考えます。山口観光事件（最一小判平成8年9月26日集民180号473頁・判時1582号131頁）も同様の判断をしています。

## 7　セクハラ

——では、セクハラを理由とする懲戒処分は主張できませんか。

　仮に、セクハラの事実につき裏付けが取れそうな場合には、別途、セクハラを理由とする懲戒解雇を予備的に主張します。

——Y社として、セクハラの事実につき、どのような調査を行いますか。

　セクハラの防止対策については、雇用機会均等法11条に規定されており、厚生労働省の指針において、具体的な対策が定められています。その中に、「相談窓口をあらかじめ設けること」が規定されています。

　本件では、セクハラから6か月経過していることから、セクハラ当時、Aが相談をしている事実があるか否かの確認のため、Y社に、相談窓口の設置、

従業員への相談窓口の周知状況を確認し、仮に、窓口があれば、担当者に対し、Aから被害申告があったか否かを確認します。

――**セクハラ防止策を会社が講じていなかった場合、罰則はありますか。**

罰則はありませんが、厚生労働省の指針で示されている防止策を講じていないと、指導・勧告などが行われる可能性があります。

――**そのほかにどのような調査を行いますか。**

当事者であるAからの事実の聴取を行います。歓迎会には、営業課の従業員がXのほかに5名参加していたということですから、当該従業員らから事実の聴取を行います。その後、X本人からも事実の聴取を行います。

――**セクハラの調査において使用者として注意すべき点はありますか。**

加害者とされる労働者との関係では、その名誉を害しないように、被害者とされる労働者との関係では、二次被害、三次被害が発生しないように、あくまで客観的に、そして粛々と調査を行うことが大切と思います。

――**Xには、調査協力義務はありますか。**

富士重工業事件（最三小判昭和52年12月13日民集31巻7号1037頁・判時873号12頁）では、調査協力義務を企業秩序順守義務の内容と解し、調査への協力が労務提供義務を履行する上で必要かつ合理的な場合には認められるとされています。

　本件では、営業課長であるXが、営業課で働いている派遣社員Aにセクハラを働いているということなので、調査協力義務は肯定されると思います。

——懲戒解雇処分を維持したままだと雇用関係は終了していると思うのですが、Y社からXに調査への協力を求めることはできるのですか。

　理屈としては、そのとおりなのですが、雇用関係が継続しているかという点は紛争中ということなので、調査協力を求めます。

——労働者側代理人として、Xから調査協力につき相談を受けた場合、どのようにアドバイスをしますか。

　Xとしては、解雇が無効で、雇用関係は継続しているという前提ですから、一応、協力義務があるという結論になりそうです。ただ、まずは、会社側に対し、調査の必要性・合理性について、明らかにするよう求めます。そして、調査の必要性・合理性がありそうだと認められるにしても、紛争中ですので、弁護士の立会いを条件に調査に応ずるという対

応をします。

――とりあえず、私用メールの件につき、懲戒解雇を相当とするような事実が確認できなかったものと仮定します。本件では、懲戒解雇の後、Ａからセクハラの被害が申告されています。セクハラの事実について調査をすることは、労・使の代理人とも同様でしょう。

　仮に、Ｘがセクハラの事実を認めた場合、労働者側代理人として、法的手段の選択に影響はあるでしょうか。

　仮に、事実がＡの申告どおりだとすると、私用メールでの解雇が無効になったとしても、セクハラを理由に懲戒解雇される可能性が高いと思います。そこで、退職を前提として、労働審判での話合いでの解決を検討すると思います。

――社内調査の結果、セクハラの有無が不明の場合、使用者はどのように対応しますか。

　セクハラの有無が不明の場合、セクハラを理由とする懲戒解雇の主張は難しいと思われます。社内調査では事実を確定できない場合は、居酒屋の店員Ｃと連絡を取るように努力します。店員Ｃと連絡が取れなければ、私用メールを理由とする懲戒解雇は撤回し、３月に店員Ｃが帰国するまでの間、Ｘを自宅待機にするか、又は、Ｙ社に戻すかをＹ社と協議することになるかと思います。

## 8　仮処分決定後の手続

——私用メールを理由とする懲戒解雇は撤回されずに、賃金の仮払いを命ずる仮処分が出たと仮定します。Y社は、毎月、仮処分で認められた金額を支払わなければなりません。このような仮処分が出た場合、Y社としては、どのような対抗手段がありますか。

　①異議申立て、②保全抗告、③保全取消し、④起訴命令の申立てが考えられます。

——四つの手続には、どのような違いがありますか。

　①異議申立ての場合、同じ裁判官が判断するので、同じ結論になる可能性が高いと思います。そこで、②保全抗告を検討すると思います。
　③保全取消しは、事情変更などがあった場合に行います。例えば、仮処分が出た後、セクハラの事実が確認できて懲戒解雇を行ったような場合が考えられます。④起訴命令については、保全取消事由の一つで、起訴命令に反して期間内に訴訟の受理証明書が提出されない場合、保全取消しが認められるというものです。

——通常、使用者が労働者に賃金を支払う場合、使用者には社会保険料、源泉所得税等の控除が認められています。賃金の仮払いの仮処分で、「毎月20万円を支払え。」と主文に記載されていた場合、使用者は源泉所得税や社会保険料等の控除を行うべきでしょうか、それとも主文記載の金額を支払うべきでしょ

うか。

　仮処分に基づき「任意に」支払う場合、使用者は源泉所得税や社会保険料等の控除を行います。岐阜地判昭和58年2月28日行集34巻2号327頁・判時1079号38頁は、使用者による解雇の意思表示の効力を争う労働者が、労働者として地位の保全と解雇後の賃金等の仮払いを命じた仮処分決定に基づいて使用者から受け取る仮払金は、少なくとも仮払金受領の時点においては、所得税法28条1項にいう「給与等」に当たる旨を判示しています。なお、強制執行を受けた場合は、別途の検討が必要です（最三小判平成23年3月22日民集65巻2号735頁・判時2111号33頁参照）。

——使用者には、社会保険の加入義務があり、社会保険料は労使折半となっています。使用者は、社会保険料を、仮払金から控除できますか。

　解雇で一旦喪失した被保険者資格が復活するということであれば、労働者負担分の社会保険料も控除することができます。

——仮払賃金の金額は、当該従業員の平均賃金相当額となるのでしょうか。

　平均賃金相当額となることが多いですが、事案によりますので、必ずしも平均賃金相当額になるとも言えないと思います。すなわち、裁判所は、あくま

> で保全の必要性が認められる限りで仮払いを命じます。賃金が高額か、扶養家族があるか、貯蓄等があるか、多額の住宅ローンを抱えている等支出状況はどうか、といった家計の状況次第のところもあります。
>
> また、支給期間についても、通常は、決定から1年間とか、本案訴訟の判決までという限定が付きます。

——仮に、仮処分の審尋の場において、金銭解決による和解の話を進めることになったとします。和解では、離職日がいつかを定めますね。離職日は、解雇日と合意日のいずれかが考えられます。使用者側代理人としては、どのように考えますか。

> 通常、解雇日をもって、離職日としています。使用者は、既に社会保険等の被保険者資格の喪失手続等を行っているので、これを元に戻して和解日に再度資格喪失の手続を行うという煩雑さを避けるためです。

——仮に、使用者から、一定の金額の解決金を受け取る場合、課税関係はどうなりますか。

> 解決金の場合、その実体が慰謝料等の損害賠償金だとすれば非課税、その実体が賃金であれば課税対象となります。その判別が容易でない場合も多々見

受けられますが、後日の問題をできるだけ防止するために、賃金としての性格が明らかな範囲については、きちんとその旨を明らかにして和解を行うべきでしょう。

――解決金による和解の場合にも、しっかりと税務関係については考えておく必要がありますね。

　最後に、仮に、懲戒解雇が有効となった場合、使用者は、当該処分を社内告示することは可能でしょうか。

懲戒処分は、企業秩序維持のための機能であり、抑止的効果が期待できるので、告示することは可能です。

――このような告示は無制限に可能でしょうか。

　労働者の名誉と使用者の企業秩序維持との比較衡量によって制限されます。裁判実務上も、告示方法等について社会的相当性を求めています（泉屋東京店事件・東京地判昭和52年12月19日判タ362号259頁等）。

# 勝訴への道標

　懲戒解雇の事案については、懲戒事由とされている事柄の真偽や経過がまずは何より肝要です。したがって、当事者間に争いのない経過事実や、客観的な状況、証拠を代理人の目で吟味して、裁判官による事実認定がどのようなものとなるかという予測を立てながら主張を検討することになります。

　また、懲戒事由とされている行為の一部が事実である場合（事実と認定される可能性がある場合）には、それへの制裁として解雇という手段が相当であるか否かという点に力点を置いて主張を検討することになります。行為の態様、動機、背景的要因、業務に及ぼした影響、損害の程度、労働者の反省態度、会社の社会的評価への影響、他の職場労働者への影響、社内での過去の同種行為の有無など、様々な観点から、懲戒解雇は過酷にすぎることを主張し、裁判官を説得していくことになります。

　使用者が労働者に対し業務上貸与しているパソコンや携帯電話の履歴から、当該従業員の非違行為が

発覚したという事案が散見されます。そこで、使用者としては、怪しい行動をする労働者に対し、パソコンや携帯電話のモニタリングを行いたいところです。しかし、モニタリングを行うに当たっては、労働者に対する事前の説明や、監視目的、手段の相当性が必要となります。そこで、採用に当たって、①モニタリングに関する同意書を取り付けておくか、②就業規則にモニタリングを行う旨記載をしておいたほうがよいでしょう。

　次に、セクハラについてですが、①発端のほとんどが被害者の申告によるものであり、②客観的証拠が少なく、関係者の記憶が風化しやすいという特殊性があります。そこで、社内の制度として、相談窓口を設置し、労働者に周知をしておく必要があります。また、相談があった際、速やかに調査に移行できるよう相談後の手続をマニュアル化しておく必要があります。

# Case3 懲戒解雇（業務命令違反）

　Y社のS工場では、1日の労働時間は8時間とされていた。過半数代表と労働基準法36条1項の労使協定（36協定）を締結し、これを所轄の労働基準監督署長に届け出ていた。就業規則に「会社は36協定で定める事由が生じた場合に同協定の定める範囲内で従業員に時間外労働を命ずることができる。」との規定を設けていた。

　Y社のS工場の従業員Xは、終業時間（定時）の30分前に上司から、「今日は、急な受注が入ったので、3時間残業をしてほしい。この受注は我が社の今後の経営の死命を決する重要な受注であるので、そのつもりで応ずること。」との業務命令を受けた。Xは、定時後に予定があり、「今日は、残業できない。」として、時間外労働を拒否した。上司は、事情を尋ねたが、Xは、何ら事情を説明しなかった。

　Y社は、Xが業務命令に違反し、また、複数回の懲戒処分歴があるため、「業務命令に違反したとき」、「数回懲戒処分を科せられたにもかかわらず、いまだ改悛の情が見られず、再び服務規律違反の行為を行ったとき」という就業規則の懲戒事由に該当すると判断した。Y社は、所定の懲戒手続を経て、30日分の解雇予告手当を支払い、Xを懲戒解雇した。

　なお、36協定には、①1日の時間外労働の上限は3時間、②時間外労働の理由の一つは急な受注等により繁忙となったこと、③対象従業員はS工場の従業員全員とする旨が記載されていた。36協定と

就業規則は、従業員に周知されていた。Xは、過去、時間外労働に概ね応じていた。

【設問】
1　解雇紛争の解決制度を提示し、懲戒解雇の有効性を中心に、訴訟上の問題点を労働者側弁護士・使用者側弁護士の各立場から検討せよ。
2　Y社が訴訟において予備的にXの普通解雇を主張した場合、その可否を検討せよ。

―――――――――――――――――――――――――――――――

## 1　導　入

### (1)　紛争解決の手段

――**本問では、時間外労働義務、業務命令権の権利濫用、懲戒処分の有効性等様々な論点がありますが、解雇の問題を中心に検討します。**
　解雇の問題について、労働者から相談を受けた場合、解決の手段として、いかなる方法が考えられますか。

> 弁護士が関与する場合、一般的には、示談交渉、仮処分、労働審判、訴訟が考えられます。

――**どのように使い分けますか。**

> 大まかにいうと、示談交渉は、話合いの余地がある場合に、仮処分は、労働者が当面の生活費が捻出

できないなど緊急性がある場合に、訴訟に先立って使います。労働審判と訴訟は、仮処分を行うほどの緊急性がない場合に使います。労働審判は、金銭解決の余地がある場合、訴訟は、労働者が職場復帰以外の解決を望まない場合に使われることが多いようです。もっとも、個別の事情や依頼者の意向を踏まえ、いかなる手段を使うかは、個別に判断します。

仮処分は、地位保全の仮処分と賃金仮払いの仮処分が想定されます。もっとも、賃金仮払いの仮処分が認められると、解雇に伴う生活上の不利益の多くは解消されます。特別な事情がない限り、地位保全の仮処分は、保全の必要性がないとして、認められないことも多いと思われます。

労働者は、解雇により、収入がなくなるだけではなく、社会保険の被保険者としても取り扱われなくなります。このような事情がある場合、賃金仮払いの仮処分により、収入を得るだけでは不十分であり、地位保全の仮処分も認められるべきでしょう。解雇の無効を理由に仮の地位を認める仮処分決定がなされると、遡って被保険者として取り扱われます（昭和25年10月9日保発第68号）。裁判実務でも、それを踏まえて、地位保全を認める仮処分決定がな

されるケースもあります。

――他には、労働局の紛争調整委員会のあっせんや労働委員会の個別労働紛争のあっせん等も考えられます（個別労働関係紛争解決促進法）。あっせん費用はかかりませんので、労働者個人でも利用しやすい制度です。強制的に紛争を解決するわけではありませんので、労使に話合いの余地がある場合に利用されます。

(2) 労働審判

――労働審判も多く利用されていますが、労働審判の特徴は何ですか。

原則3回以内の審理で終了しますので、迅速な解決が期待できます。主張・証拠は、原則、第2回期日までに全て提出する必要があります。証拠調べは、書証と審尋が中心なので、争点や証拠関係が複雑な案件には向きません。第1回期日から当事者の審尋が行われます。労働者本人との打合せを含め、申立て前に十分な準備が必要です。調停による解決を試みますので、金銭解決等、柔軟な解決が可能です。審判に異議があると、自動的に訴訟に移行します。

労働審判では、特に第1回期日が重要です。審判員・審判官は、第1回期日で大まかな心証を取ります。労働者側は申立書を、使用者側は答弁書を充実させる必要があります。申立てから40日以内に第1回期日がありますので、使用者側は、申立てを受け

たら、早急に準備する必要があります。その意味で使用者側の準備は相当大変です。

(3) 訴　訟

——今回は、訴訟を提起することを前提に検討しましょう。労働者はいかなる請求を行いますか。

労働契約上の地位確認請求と解雇期間中の賃金（バックペイ）支払請求が考えられます。

——請求の趣旨はどのような記載になりますか。

地位確認請求は、「原告が、被告に対し、労働契約上の権利を有する地位にあることを確認する。」となります。賃金請求は、「被告は、原告に対し、平成○年○月○日（解雇日の翌日）から本判決確定の日まで、毎月○日（給与支払日）限り、月額○万円の割合による金員並びにこれらに対する各支払期日の翌日から支払済みまで年6分の割合による金員を支払え。」となります。

——地位確認請求に代えて、「被告の原告に対する解雇の意思表示が無効であることを確認する。」ではいけませんか。

解雇の意思表示は、過去の事実又は法律関係の確認ですので、通常、確認の利益がありません。現在の法律関係である、労働契約上の地位を確認すれば

> 十分だからです。

**――地位確認の要件事実は何ですか。**

> 地位確認の請求原因は、①「労働契約の成立」と②「使用者の労働契約終了の主張」（確認の利益）です。
>
> 「使用者の労働契約終了の主張」は、「解雇の意思表示」を主張します。「解雇の意思表示」は、本来、「労働契約の成立」の主張に対する抗弁ですが、請求原因として主張するのが一般的です。そのため、本来、再抗弁となる解雇の無効、すなわち、③「解雇権濫用の評価根拠事実」も併せて主張します。

**――具体的にはいかなる事実を主張しますか。**

> 「労働契約の成立」は、①締結日、業務内容、就労場所、期間の定め等、②賃金額、締日、支払日等を主張します。「解雇の意思表示」は、解雇年月日、内容、方法・態様、解雇理由、就業規則上の根拠等を主張します。「解雇権濫用の評価根拠事実」は、実務上は「解雇の違法性」を主張し、解雇事由の不存在、強行法規違反、解雇権濫用を基礎づける事実等を主張します。

**――訴訟提起時に準備すべき証拠は何ですか。**

「労働契約の成立」について、労働契約書、労働条件通知書、就業規則、賃金規程、給与明細書等を、「解雇の意思表示」について、解雇通知書、解雇理由書等を、訴訟提起時に準備しておくべきです。

――解雇が無効である場合、債権者である使用者の帰責性により、就労債務が履行不能になったと言えます。労働者は、民法536条2項前段に基づき、解雇期間中の賃金を全額請求できます。ただし、同条項後段により、他で働いた中間収入は控除されます。もっとも、平均賃金の6割以上の休業手当の支払を使用者に義務付ける労働基準法26条との関係で、中間収入の控除は、平均賃金の6割を超える部分に限られます。また、通勤手当等の実費補償的な賃金は控除されます。以上を前提に、賃金請求の請求原因は何ですか。

解雇期間中の賃金請求の請求原因は、①「労働契約の成立」、②「就労債務の履行不能」、③「使用者の帰責性」です。

「就労債務の履行不能」と「使用者の帰責性」は、地位確認の請求原因である「使用者による解雇の意思表示」と「解雇権濫用の評価根拠事実」と重なります。実務上は、地位確認の請求原因を主張すれば足ります。

賃金は、所得税や社会保険料の控除前の金額を請求できます（大阪電業事件・大阪地判昭和47年5月24日労判155号53頁）。

> 実務上は、判決が認容された場合、使用者が、賃金を支払う際に、所得税法等に基づき、所得税や社会保険料を控除できると考えられています（高知放送事件・高知地決昭和46年3月10日労民22巻2号209頁）。

──和解で解決する場合には、控除の有無は明示するのがよいでしょう。

## 2　懲戒解雇

──それでは、Y社の懲戒解雇について、検討していきましょう。懲戒解雇は、企業秩序違反に対する一種の制裁です。通例、退職金の不支給事由とされていたり、一定の場合、労働者に帰責性があるとして、予告期間を置かない即時解雇になることもあります。再就職の事実上の障害にもなり得ます。

懲戒処分の根拠は、どのように考えられていますか。

> 懲戒処分の根拠として、学説上、固有権説と契約説の争いがあります。判例は、労働者は、労働契約の締結により、当然に企業秩序の遵守義務を負うが、使用者は、就業規則に懲戒の種別及び事由を定め、その内容を労働者に周知させていなければ、懲戒権を行使できないとしています（国鉄札幌運転区事件・最三小判昭和54年10月30日民集33巻6号647頁・判時944号3頁、フジ興産事件・最二小判平成15年10月10日集民211号1頁・判時1840号144頁等）。

判例の理解については争いがありますが、近年、判例も「使用者の懲戒権の行使は、企業秩序維持の観点から労働契約関係に基づく使用者の権能として行われるものである」と判示し（ネスレ日本（懲戒解雇）事件・最二小判平成18年10月6日集民221号429頁・判時1954号151頁）、契約説的な方向を示しています。

――いずれにせよ、Y社は、就業規則に懲戒規定を定め、労働者に周知していますので、Xに対し、懲戒権を行使できます。以上を前提に検討しましょう。

(1) 時間外労働義務

――Y社は、業務命令違反等を理由に、Xを懲戒解雇しています。ここで、そもそもXに時間外労働義務がなければ、業務命令違反等も存在しないことになります。Xは、時間外労働義務を負うのでしょうか。

　判例は、包括的合意説をとり、36協定の締結・届出があり、36協定の範囲内で時間外労働義務を定めた就業規則がある場合、その定めが合理的である限り、その定めは労働契約の内容になるから、労働者は、時間外労働義務を負うと判断しています（日立製作所武蔵工場事件・最一小判平成3年11月28日民集45巻8号1270頁・判時1404号35頁）。Y社には、36協定の締結・届出があり、36協定の範囲内で時間外労働義務を定めた就業規則もあります。36協定では、時間外労働をさせる必要のある具体的事由、労

働者の数、延長すべき時間等が定められ、就業規則の内容は合理的であると考えられます。したがって、Xは、時間外労働義務を負います。

判例の包括的合意説は、使用者が一方的に作成する就業規則により、労働者の私的時間の処分権を使用者に委ねるものであり、また、ワークライフバランス尊重の理念（労働契約法3条3項）にも反します。学説上は、個別的同意説や具体的規定説も有力です。

——**判例を前提に考えると、訴訟では、就業規則の規定を前提にXが時間外労働義務を負うと判断されそうです。**

(2) 業務命令権の濫用

——**たとえXが時間外労働義務を負うとしても、Y社の時間外労働命令が権利濫用に当たり、無効になる場合には、やはり業務命令違反が存在しないことになります。では、Y社の時間外労働命令（業務命令）は、権利濫用に当たり、無効にならないでしょうか（労働契約法3条5項）。**

業務命令が、業務上の必要性を欠き、社会通念上著しく合理性を欠く場合、業務命令権の濫用として、無効となります（学校法人享栄学園事件・最二小判平成19年7月13日集民225号117頁・判時1982号152頁）。濫用の有無は、基本的には、使用者側の必要性と労働者側が被る不利益の比較衡量により判断

されます。もっとも、判例上、使用者には、広い裁量が認められ、業務命令が権利濫用と判断されるのは、例外的な場合です。

——**本事例では、どう考えますか。**

　本事例では、Y社には、緊急かつ重要な受注の対応という、時間外労働を命ずる業務上の必要性がありますが、他に不当な動機・目的はありません。一方、Xは、予定の存在を述べるものの、具体的な内容を明らかにしません。これではXの不利益が大きいと判断することはできず、比較衡量を行うことはできません。よって、Y社の時間外労働命令は、社会通念上著しく合理性を欠くとは言えず、権利濫用には当たりません。

　権利濫用の判断に当たり、Xが予定の具体的な内容を明らかにすることを求めるのは、プライバシーの侵害を容認することになりかねません。

　労働契約では、使用者が労働者に配慮すべき場合には、労働者に対し、一定の私生活上の事情の開示を求めることが予定されています。転勤の際に、労働者の受ける私生活上の不利益も考慮することが求められるのが典型です。開示に応ずるか否かは、労

> 働者の自由ですが、開示がなければ、使用者も配慮のしようがありません。不開示に伴う不利益は、労働者が甘受すべきです。

**――プライバシーの問題は重要な視点ではありますが、事案からすれば、訴訟では、Y社の時間外労働命令が権利濫用に当たるとは判断されそうにありません。なお、判例の包括的合意説ではなく、学説が主張する個別的同意説では、契約自由の原則から、労働者は、理由を告げることなく、使用者の申込みを拒否できます。**

(3) 懲戒権濫用法理

**――先ほど述べたとおり、Y社は、Xに対し、懲戒解雇を含む懲戒権を行使できますが、Y社の懲戒権の行使に制限はないのでしょうか。**

> 労働契約法15条は、「使用者が労働者を懲戒することができる場合において、懲戒が、労働者の行為の性質、態様その他の事情に照らして、客観的に合理的な理由を欠き、社会通念上相当であると認められない場合は、その権利を濫用したものとして、当該懲戒は、無効とする。」と規定しています。
> 
> 懲戒事由がある場合でも、合理性・相当性がない懲戒処分は無効です。具体的には、①罪刑法定主義の原則、②比例原則又は相当性の原則、③平等原則、④適正手続の原則のいずれかに反する懲戒処分は、権利濫用となります。

──労働契約法15条は、判例上確立された懲戒権濫用法理を明文化したものですね。懲戒解雇の場合、解雇権濫用法理を定めた労働契約法16条の適用の有無も論点になり得ます。ただ、懲戒権濫用法理のほうが、解雇の要件としては厳格と思われますので、本事例では、労働契約法15条の問題として考えることにします。それでは、Y社の懲戒解雇の有効性を検討しましょう。まず、「使用者が労働者を懲戒することができる場合」に該当するでしょうか。端的にいえば、Xに懲戒事由が存在するでしょうか。

Xの時間外労働命令違反は、「業務命令に違反したとき」に該当します。過去に複数回の懲戒処分を受けながら、今回、再び、業務命令違反をしていますので、「数回懲戒処分を科せられたにもかかわらず、いまだ改悛の情が見られず、再び服務規律違反の行為を行ったとき」に該当します。Xには、懲戒事由が存在します。

懲戒解雇は、労働者にとって、懲戒処分の極刑とも言われます。退職金の不支給や再就職の際の不利益等を考えると、懲戒解雇の判断は、厳格かつ慎重を期する必要があります。

確かに、Xは、「業務命令に違反したとき」には該当するかもしれません。しかし、Xに「いまだ改悛の情が見られず」と言えるのか、疑問があります。同種の業務命令違反の有無等、過去の懲戒処分の内容を確認する必要があります。

**――次に、Y社の懲戒解雇は、権利濫用に当たりますか。**

　Xに懲戒事由が存在するとしても、懲戒解雇は、制裁として重すぎます。①Xには定時後の予定があったこと、②受注対応の業務は、Xがいなくても、結果的には対応が可能であったこと、③Y社に現実の不利益が生じていないこと、④Xはこれまで時間外労働命令に概ね応じていたことからすると、比例原則に反し、せいぜい減給か出勤停止が相当と考えられます。

　したがって、懲戒解雇は、社会通念上相当であると認められず、権利濫用に当たり、無効です。

　①本事例の受注は、使用者の命運を決する極めて重要なものです。②Xの予定の内容も不明ですし、③Xが時間外労働を拒否したことで、他の労働者の負担が重くなっています。④X抜きで、受注に対応できたとしても、企業秩序違反は著しいものです。⑤Xは、過去に複数回、懲戒処分を受け、改善の機会を与えられています。それにもかかわらず、非違行為を繰り返していますので、改悛の余地がないと言わざるを得ません。

　懲戒解雇は、社会通念上相当であり、権利濫用には当たりません。

――今回の時間外労働命令違反だけでは、懲戒解雇はやや厳しいように思います。ただ、過去に複数回の懲戒処分を受けていたことを考えると、懲戒解雇もやむを得ないと考えられるかもしれません。

なお、懲戒事由の「数回懲戒処分を科せられたにもかかわらず」の点について、罪刑法定主義の一内容である二重処罰（二重制裁）の禁止に該当するという見解もありますが、判例は、二重制裁の禁止に該当しないことを前提に判断したものがあります（日立製作所武蔵工場事件・前掲最一小判平成3年11月28日）。

いずれにせよ、過去の懲戒処分の内容も検討する必要があるでしょう。

## 3　普通解雇

――それでは、仮に、訴訟の過程で、懲戒解雇が認められない可能性が高いとの心証を感じた場合、Y社は、予備的に、Xの解雇は普通解雇として有効であると主張することはできるのでしょうか。

### (1)　普通解雇と懲戒解雇

――まず、懲戒解雇と普通解雇の違いは何ですか。

　普通解雇は、債務不履行等を理由とする使用者による労働契約の一方的解約です。民法627条1項は、「当事者が雇用の期間を定めなかったときは、各当事者は、いつでも解約の申入れをすることができる」と定めています。

　民法上の解雇自由の原則を修正するのが、労働契約法16条です。同条は、「解雇は、客観的に合理的な理由を欠き、社会通念上相当であると認められな

い場合は、その権利を濫用したものとして、無効とする」と定めています。

――労働契約法16条は、判例上確立された解雇権濫用法理を明文化したものですね。一般に、普通解雇の事由は、①労働者の傷病、能力不足・成績不良、職務懈怠、規律違反等、労働者側の事由に基づく場合と、②リストラ等、使用者側の経営上の事由に基づく場合等に分類できます。

　労働者側の事由に基づく場合でも、労働者に単なる債務不履行等があるだけでは足りません。それが労働契約を終了させるのに足りる程度のものである必要があります。「最後の手段の原則」とも言われます。

　具体的には、①その事由が雇用関係の継続を期待できない程重大な場合や反復的・継続的な場合、②使用者が事前に注意・指導していた場合、③配置転換や教育訓練等の解雇回避の努力をしていた場合には、最後の手段として普通解雇が認められます。

　補足すると、④解雇回避の努力に関しては、労働者の能力、職務内容、企業規模等から、使用者に解雇回避を期待できない場合には、要求されません。「期待可能性の原則」とも言われます。

　一方、懲戒解雇は、企業秩序違反に対する制裁です。学説上、懲戒処分の根拠として、固有権説と契

約説の争いがあるのは、前述のとおりです。

(2) 懲戒解雇から普通解雇への転換

——Y社は、訴訟において、懲戒解雇が無効である場合に備えて、予備的にXの普通解雇を主張できますか。「無効行為の転換」の法理により、懲戒解雇を普通解雇に転換することは認められますか。

本事例では、Y社の解雇は、懲戒解雇であることに争いがありません。懲戒解雇と普通解雇は、先ほどの説明のとおり、法的な性質が異なると解されています。基本的には、懲戒解雇の意思表示に、普通解雇の意思表示が含まれるとは言えません。また、「無効行為の転換」を、解雇の場面で認めると、労働者の地位をあまりに不安定にします。使用者が一旦懲戒解雇を選択した以上、懲戒解雇を普通解雇に転換することは認められません。

裁判例・学説では、解雇の場面でも、「無効行為の転換」を認めるものもあります。ただ、近年の裁判例や学説では、一旦懲戒解雇を選択した以上、懲戒解雇の普通解雇への転換を否定するものが多いように思います。

——裁判例・学説でも見解の分かれている問題であり、難問と言えましょう。

これとは異なり、使用者が、懲戒解雇が無効と判

断される場合に備えて、懲戒解雇の意思表示と同時に、予備的に普通解雇の意思表示をすることは可能と考えられています。

——**それでは、本事例で、Y社が、懲戒解雇の意思表示と同時に、予備的な普通解雇の意思表示をしていた場合、この普通解雇は有効でしょうか。**

懲戒解雇のところで検討した事情によると、「最後の手段の原則」を踏まえても、Y社の普通解雇は、著しい業務命令違反という点において客観的に合理的な理由があり、社会通念上相当であって、有効と言えます。

 いくら業務命令違反とはいえ、普通解雇としても、相当ではない場合があり得ます。本件事案に即していえば、一度だけの業務命令違反では、「最後の手段の原則」からすると、普通解雇は難しいと考えます。

## 4　実務の視点

——**本事例について、労使の立場から、感想はありますか。**

就業規則の懲戒事由の文言は、もっと客観的なほうがよいでしょう。就業規則の懲戒事由にある「改悛の情」は、評価を伴う概念であり、判断が必ずし

も容易ではありません。「数回」も何回なのか明確ではありません。例えば、「2回以上懲戒処分を科せられたにもかかわらず、再び服務規律違反の行為を行ったとき」とするだけでも、客観性が増して、紛争の拡大抑止につながります。

　重要な受注であったとすると、労働者としても、紛争を回避するため、予定の内容を説明し、使用者の理解を得るよう努めてもよかったかもしれません。労働者の事情が理解できるものであれば、使用者も解雇まではしない可能性もありますし、解雇の有効性の判断において、労働者側の事情として有利に考慮される可能性もあります。

# 勝訴への道標

　プライバシーの観点から指摘もあるところですが、Ｘとしては、訴訟上は、私生活上の事情であっても、時間外労働命令に従わない理由について、ある程度具体的に主張立証する必要があるでしょう。過去の懲戒処分の内容を具体的に示すとともに、業務日報等から、時間外労働の応諾を含むＸの従前の勤務態度を主張立証し、今回の対象行為とは関連性がないことを主張立証する必要があります。形式的に、就業規則の懲戒事由が存在し、懲戒手続も履行されている場合でも、労働者側としては、非違行為の内容等から、労働者に解雇されるほどの非違行為はなく、解雇が重きに失するのではないかという視点が大切です。

　使用者側は、Ｙ社の当時の業績や状況を客観的な資料で示すなどして、受注の重要性及びＸの非違行為の重大性を裁判官に理解してもらうことが大切です。併せて、過去の懲戒処分・指導監督に関する資料等により、Ｙ社の指導監督にもかかわらず、Ｘの

非違行為が反復又は継続していることを立証し、解雇もやむを得ないことを主張します。

Case3 懲戒解雇

# Case4 退職勧奨・整理解雇

　従業員20名の自動車部品メーカー株式会社Ｙを経営する社長Ａが、事務員Ｘに、勤務終了間際、「リーマンショック後会社の経営状態が芳しくなく、残業代が払える状況にない。次の給料から残業はつけないので、そのつもりでいてくれ。」と告げた。Ｘは、「ローンもあるのに、それは困ります。」と拒否したが、Ａは、さらに、「残業代をつけることはできない。それが嫌なら辞めてくれ。」と告げた。Ｘは、どの程度経営状態が悪いのか把握しておらず、本心では会社を辞めたくなかったものの、その場で「わかりました。」と答え、私物を片付けて帰宅した。以後、Ｘは、Ｙに出勤していない。Ｘは、今後のことを相談しようと、弁護士を訪ねた。

――本事例は、残業代の不払いか退職かという発言の意味を確定しつつ、その後に考えられる労働者・使用者側双方の弁護士がとり得る手段について検討するものです。

## 1　問題点の分析

――Ｘから相談を受けた弁護士として、どこに問題があると思いますか。

　Ａの「残業代を払える状況にない。次の給料から残業をつけない。それが嫌なら辞めてくれ。」とい

う発言が、退職の申込みなのか、解雇の意思表示なのか、解雇だとした場合、経営状態を理由とする解雇は有効かが問題になります。

## 2 退職の申込みか解雇の意思表示か

### (1) Aの発言の解釈

——Aの「残業をつけない。それが嫌なら辞めてくれ。」という発言について、これが退職の申込みであるか解雇の意思表示であるかについては、どのように判断しますか。

　退職の申込みなのか、解雇の意思表示なのかは、発言がされた状況、過去の使用者の対応(発言の背景事情、他の労働者に対する同様の発言の有無、発言を受けて退職した労働者の有無等)、発言後の事情等を考慮して、評価します。労働者側の弁護士としては、まず、解雇の意思表示と考えられないかを検討すべきです。実際には、使用者は「解雇」と明言しないケースも多いため、事実の評価として、解雇と言えるかという問題になります。なお、裁判実務上は、解雇と退職強要は、ほぼ同じ評価を受けているように思いますので、留意が必要です。

——参考になる裁判例はありますか。

　株式会社丸一商店事件(大阪地判平成10年10月30

> 日労判750号29頁）は、類似の事案について、「原告（注：労働者）は、戎野（注：代表者）が今後残業代は支払えないと告げたのに対し、それではやっていけないと考え、自ら退職の意思表示をしたものと一応はいうことができる。しかしながら、戎野の発言は、残業手当の請求権を将来にわたり放棄するか退職するかの二者択一を迫ったものであって、かかる状況で原告が退職を選んだとしても、これはもはや自発的意思によるものであるとはいえないというべきであり、右戎野の発言は、実質的には、解雇の意思表示に該当するというべきである。」と判示しています。

## （2）退職証明書

―― **退職か解雇か定かではない場合はどうしますか。**

> 使用者側の認識を知るために、Ｙに対し、労働基準法22条に基づき、退職事由の証明書（退職証明書）の発行を請求します。退職事由が解雇であれば、その理由も明らかにさせることができます。

―― **仮に退職と記載されると、やぶ蛇になりませんか。**

> 請求の仕方を工夫すれば問題ないでしょう。例えば「解雇されたが解雇の理由を教えてください。」などはどうでしょう。Ｙは、退職と記載する可能性が

大きいので、きちんと争えるように、表現を工夫した請求書を送付する必要があります。この段階で、使用者に退職理由を明確にさせて、退職理由を後付けさせないという狙いもあります。代理人弁護士名で請求すると、Yが構えることがありますので、X名義で請求してもらってもよいかもしれません。

**——Xから退職証明書の請求があった場合、Yは、何を検討して、どう記載するのでしょうか。**

Yとしては、Xの「わかりました。」という発言、私物を持ち帰った行為、翌日から出勤していないという点から、合意で退職しているという記載になると思います。少なくとも本件で解雇したという記載はしないはずです。

(3) Xの発言の解釈

**——「わかりました。」という発言について、Xの弁護士としては、どう考えますか。**

発言は真意に基づくものではない、又は、確定的な意思表示とは言えないとの主張を検討すべきでしょう。自発的な発言ではなく、退職を強要されたという主張になります。使用者から辞めてほしいと言われれば辞めるしかないと思っている労働者は案外多いものです。使用者の中にも、解

> 雇予告手当を支払えば、無条件に解雇できると誤解している者もいます。この実態を踏まえれば、「辞めてくれ。」と言われ、その場で「わかりました。」と答えても、その発言は、真意に基づくものではない、又は、確定的な意思表示ではないという構成は十分成り立ち得ると思います。
>
> 　私物の持ち帰りや、出勤していないという事情も、「辞めてほしいと言われれば辞めるしかない」と考えた者の行動として自然なものと反論できます。

### (4) 整理解雇

**――解雇の場合、解雇理由は何でしょうか。**

> 　使用者の経営上の理由による解雇ですので、整理解雇になります。裁判実務では、①人員削減の必要性、②解雇回避努力、③人選の合理性、④解雇手続の相当性の4要素又は4要件を検討し、解雇の有効性が判断されます。

**――本件が整理解雇と判断された場合、裁判上、解雇は有効と判断されるでしょうか。**

> 　整理解雇とされた場合、有効性を認めてもらうのは、難しいでしょう。人員削減の必要性は、比較的、裁判所も経営者の判断を尊重する傾向にあります。しかし、Yは、解雇回避努力をした様子がうかがえ

ません。また、適切な説明もなく、いきなり退職を迫っていますので、通常は解雇手続の相当性がないと言えます。人員削減の必要性は、裁判所は判断が難しいところですが、手続は行ったかどうかですので、裁判所も容易に判断できるところです。

(5) 欠勤の取扱い

——Xの欠勤をどう評価しますか。

欠勤が長期にわたる場合には、ケースによっては自主的な退職に傾く場合もあり得ます。例えば、Xが弁護士に相談に行ったのが、退職後、相当の期間が経過した後である場合、それは退職を裏付ける大きな要素です。同時に、残業代を諦めるか退職するかという点について解雇と捉え、解雇無効となったとしても、その後の長期欠勤を捉えて新たな解雇理由として取り上げられる可能性もあると思います。

——Xから相談を受けた弁護士としては、どのような対応が求められますか。

出勤しなくなってから期間が空きすぎると問題が生ずるのは明らかですので、迅速な対応が必要です。弁護士が事件処理を遅らせてはいけません。

## 3　Aからの相談への対応

——Aから、事前にXの退職について、弁護士が相談を受けた場合、どのよう

に対応しますか。まず、これからAがXに話をしようと思っている時点、すなわち、まだアクションを起こしていない段階で相談を受けたらどう対応しますか。

　Aには、人件費を削減したいのか、X個人を辞めさせたいのかを確認します。

　X個人を辞めさせたいのであれば、退職勧奨・解雇を検討します。その場合、就業規則所定の解雇事由の存否、解雇事由・解雇の有効性の立証可能性もポイントになりますので、注意が必要です。特にXの成績不良等を理由とする場合、Aが指導・監督し、Xに是正の機会を与えていたのかも重要です。

　人件費を削減するため人員を削減する場合、整理解雇になりますので、事前に希望退職の募集、新規採用の削減等で解雇回避努力をしたかを確認します。労働組合がある場合、労働組合との協議も必要です。ただ、整理解雇の要件を充足するのはなかなか大変です。また、整理解雇の場合、裁判になると、決算書を証拠として提出しますので、決算書が第三者の閲覧に供されることにも留意が必要です。

——既にAがXに退職を求めた後ならどう対応しますか。

　前述のとおり、退職か解雇か、解雇と評価されるとして解雇が有効かが問題となる可能性があります。Xからのアクションがあるまでにできることと

しては、事後的にはなりますが、Xに退職届を提出するよう申し出てみることが考えられます。

## 4　バックペイのリスク

――解雇が無効になった場合、Yは何をする必要がありますか。

解雇時から復職までの未払賃金、いわゆるバックペイを請求されます。争いが長期化すると、バックペイが多額になることもあります。

――ところで、仮に残業代の未払いがある場合、労働者側の弁護士は何か留意する点がありますか。

訴訟を提起し、判決になれば、労働基準法114条に基づき、未払残業代と同一額の付加金が認められることもあります。労働者から相談を受けた弁護士は、この点も念頭に置く必要があります。

## 5　労働者側の方針決定

――労働者から相談を受けた弁護士として確認すべき事項は何ですか。

特に解雇が無効と思われる場合、復職を希望するのかを確認すべきです。一旦職場復帰を放棄すると、その後の解雇の撤回は期待できないケースも多いと思われます。特に、再就職も厳しい雇用情勢で

> すので、再就職先が決まっているような例外的な場合を除いて、職場復帰を求めるメリットはあります。感情的な問題を整理しつつ、方針を決める必要があります。

## 6　交渉の流れ

──Yと交渉する場合の要求項目は何ですか。

> 解雇の撤回と職場復帰です。

──解雇の有効性に争いがある場合、一般論として、解雇撤回の要求に対し、使用者は、どう対応すべきでしょうか。

> 　解雇を有効と考える場合には、解雇の撤回及び職場復帰を拒否します。解雇の有効性に疑問がある場合や早期解決を図りたい場合には、退職を前提とした金銭解決を検討するのがよいと思います。解雇の有効性に疑問がある場合には、解雇を撤回し、職場復帰を認めるという選択肢もあり得ます。

──使用者の回答は多様ですが、解雇を撤回する旨の回答があった場合、労働者側で、留意する点はありますか。

> 　無効な解雇を通告してくる使用者には、事の重大性をきちんと自覚してもらわないといけません。ま

た、労使の関係が悪化していますので、職場復帰したものの、さらに関係が悪化し、第2次解雇につながるケースも生じています。そこで、解雇の撤回だけではなく、使用者に無効な解雇を通告するに至った原因を確認してもらい、謝罪を求めるとともに、勤務条件、職場環境の改善等、再発防止策とその文書化を求めることが重要と思います。

## 7　退職後の対応

### (1)　生活費の確保

——働いていない間の生活費の確保は、どのような手段がありますか。

　失業給付（雇用保険）の仮給付や他の会社への就職になるかと思います。

　失業給付については、具体的には、使用者から離職票をもらい、ハローワーク（公共職業安定所）に提出し、事情を説明して、失業給付の仮給付を受けます。離職理由によっては、待機期間や支給期間に影響がある場合があるので注意が必要です。

　他の会社に就職する場合、退職の意思があると見られないように、使用者から就労を受け入れる旨の連絡があれば、早急に復帰する旨の通知を内容証明郵便で送っておくことが大切です。

(2) 健康保険

――健康保険はどう扱われますか。

　通常、使用者は、被保険者の資格喪失手続をとり、労働者に健康保険証（健康保険被保険者証）の返却を要求します。使用者が資格喪失手続をとると、労働者が解雇・退職の有効性を争っていても、健康保険証は無効と扱われます。不正使用にもなりかねませんので、健康保険証は使用者に返却すべきです。その場合、国民健康保険に加入することになりますが、健康保険を任意継続できる場合もありますので、確認が必要です。後に解雇・退職が無効とされた場合、資格喪失の処理が取り消され、遡って診療費用が精算され、保険料も徴収されます（昭和25年10月9日保発第68号）。

　なお、労働者は、このような事情から、健康保険証を返却するのであり、健康保険証の返却が退職の意思の表れということにはならないものの、疑義を避けるため、退職を受け入れていない旨を送付書に記載して、健康保険証を返却してもよいかもしれません。

(3) 私物等

――会社の制服、事務所・ロッカーの鍵、残置された私物は、どうしたらよいですか。

私物を持って帰ったことを捉えて、退職の意思があると主張されても困りますので、私物を持って帰るのであれば、退職を受け入れていない旨を通知しておく必要があります。制服や鍵も返却を要する場合には、同様の通知をしておいたほうがよいでしょう。

——**労働者が私物を残置していた場合、使用者としてはどう対応しますか。**

　退職後に残置された私物は、段ボール箱に詰めて、労働者に送付するのが一般的な考えかもしれません。しかし、退職労働者が、私物がなくなったと言って、問題になることもあり得ます。退職労働者に引取りを求めるのが原則ですが、退職労働者に送付する場合には、私物の明細を記録に残しておくほうがよいかと思います。

## 8　紛争解決の手段

### (1)　選択肢

——**労働者・使用者の間で任意での話合いが決裂した場合、次の解決手段としてはどのようなものがありますか。**

　仮の地位の確認や賃金の仮払いを求める仮処分、通常訴訟、労働審判、その他に労働局のあっせんなどもあります。

――どのように使い分けますか。

　大まかにいえば、念入りに証拠調べをして、筋を通したい場合は、地位確認・賃金仮払いの仮処分、通常訴訟となるかと思います。最近では迅速な解決が図れる労働審判を利用するケースも少なくないかと思います。

(2) 労働審判

――労働審判を選択する理由を少し詳しく教えてください。

　労働審判の場合、原則3回で終結しますので迅速な解決が図れます。また、前提として権利義務関係等が確認され、それを踏まえて調停案が出され、金銭解決を含めた柔軟な解決が図られます。審判に対して異議を出すと、自動的に通常訴訟に移行しますので、訴訟に直結した手続であり、当事者に対し労働審判の手続内で終局解決したほうがよいという動機付けにもなります。

――労働審判になじまない事件はありますか。

　審理は3回の期日で終わるのが原則ですので、争点が複雑で1～2回の期日で争点の判断ができないような事案は、労働審判手続になじまず、労働審判法24条によって、終了となるので注意が必要です。ただ、争点が複雑であっても、労使双方に話

> 合いによる解決の意向が強い場合には、裁判所も労働審判での解決を拒まないと思います。

**――労働審判の手続が進んで、退職を前提の金銭解決を選択する場合、解決金の額等は、何を考慮して決められますか。**

> まず、勝訴の見込み、言い換えると、雇用継続との引換えという点をどこまで強く主張できる事案なのかという点です。二つ目は、調停・和解なので、使用者側の支払能力、三つ目は、勤続年数、年齢、貢献度、再就職の難易等が考慮されます。

**――解決金の水準はどの程度ですか。**

> 事案によりますが、基本的には、解雇が無効と判断される可能性が高い場合、バックペイは当然として、将来支払われるべき賃金をどれだけ上積みするのかとなります。なお、失業給付の仮給付を受けている場合、調停・和解の日を離職日とすると、仮給付で受領した失業給付を返還しなければならなくなりますので、この点を考慮して解決金の額を検討する必要があります。

**――労働審判で使用者側が注意すべき点は何ですか。**

> 基本的には日程を変更できない点です。ある程度余裕をもって答弁書を提出しておかないと、労働審

判委員会の準備に間に合わなくなります。また、第1回期日から関係者の審尋がされますので、期日には担当者に同行してもらう必要があります。また、使用者に限りませんが、多くの裁判所では、労働審判員には証拠は送らない運用のようですので、主張書面に重要な証拠を引用するなど、証拠の作成方法等は工夫したほうがよいかもしれません。とにかく1回目の期日で勝負は決まると考えておくべきです。口頭の質問がバンバンなされますのでシミュレーションをしておくほうがよいかと思います。

──**使用者側から労働審判を申し立てることは可能ですか。**

使用者からの申立ても可能です。ただ、例えば、労働組合との団体交渉をしている場合、労働審判を申し立てると団交拒否ととられる場合もあるかと思いますので注意が必要です。

(3) 仮処分

──**仮処分で注意すべき点はありますか。**

賃金の仮払いでは保全の必要性の検討が必須です。例えば、労働者に多額の預金がある場合等は、保全の必要性を認めてもらうのは難しいことになります。

また、賃金の仮払いがあれば必要十分ではないか

> ということで、地位保全の仮処分が認められない
> ケースもあります。

# 勝訴への道標

　本件のような事案では、労働者側の弁護士としては、事件着手を早くすることがポイントになります。本件では、使用者側の行為は解雇と評価される可能性が高く、その場合には解雇が無効となる可能性も高いので、復職を目指すのか、金銭的解決を目指すのかなどで手続を選択します。ただ、解決までの間の生活費をどうするかという点にも配慮しなければいけません。

　使用者側としては、本件のような事態になる前に顧問弁護士に相談をして適切なステップを踏むことが求められるところです。実際に本件のようなところまで進んでいる場合には、使用者側の弁護士としては、厳しいところになりますが、使用者に復職を認めることが得策となり得ることを理解してもらう努力も必要と思います。

# Case5　有期雇用

　平成14年11月、Xは、機械の製造・販売を行うY社の期間契約社員となり、以後、一貫してY社のA製作所において、ほぼ1年間隔で、1か月から3か月の有期労働契約の締結、更新、期間満了退職、数日から1か月程度にわたる一定短期間経過後の有期労働契約の再締結を繰り返し、約11年1か月にわたり、有期労働契約に基づき、製造ラインで工作用機械部品の製造業務に従事していた。

　平成25年4月頃から、不況のため、Y社の販売実績が減少し、工作用機械部品の製造部門に余剰人員が生じた。Y社は、同年4月頃から9月頃まで、順次、70名の契約社員（有期労働契約の労働者）の雇止めを実施した。

　同年9月29日、Xは、Y社との間で、同年10月1日から11月30日までの期間2か月の労働契約を締結した。従前、更新の上限期間は、最長1年間とされていたが、同契約では、3年間に改められていた。

　その後も、市況回復の見込みは立たず、同年10月にY社が策定した生産計画では、製造ラインの必要人員数が450名まで減少し、正社員数の460名を下回った。Y社は、配置転換をしたり、外部委託していた業務を正社員に従事させたりした。しかし、労働者数に見合う業務量の確保は困難であり、契約社員全員の雇止めを実施せざるを得ないと判断した。

　Y社は、同年11月から12月に、状況説明会を、正社員と契約社員の双方を対象に合計3回（Xは1回目と2回目に出席）、契約社員

全員（100名）を対象に1回開催し、契約社員全員の雇止めの実施の必要性を説明して、契約期間を同年12月1日から31日までの1か月間とする有期労働契約書の提出を求めた。同契約書には、契約期間の満了をもって契約は終了し、次回の更新はしない旨の不更新条項が記載されていた。Xは、Y社に言われるまま、有期労働契約書を作成・提出し、同年12月中旬、上司の求めに応じ、退職届を作成・提出した。この間、Xは、不満や異議を述べたり、労働契約の継続を求めたりしていない。

Xは、平成25年12月末日、Y社を雇止めになった。

Xは、雇止めが違法であるとして、労働契約上の地位確認を求めるため、平成26年3月頃、弁護士に相談に行った。これに対し、Y社は、顧問弁護士に今後の見通しや対応の相談を持ちかけた。

## 1　導入（雇止め法理）

——本事例は、本田技研工業事件（東京地判平成24年2月17日労経速2140号3頁、東京高判平成24年9月20日労経速2162号3頁、最三小決平成25年4月9日労経速2182号34頁）を素材としたものです。有期労働契約が、一定の短い期間の空白を置きながら、10年以上にわたって反復更新されていたが、最後の有期労働契約の締結において、不更新条項（期間の満了をもって、契約更新はしないという条項）が付されて、契約更新された場合、使用者が最後の契約期間の満了により有効に有期労働契約の終了を主張することが許されるかが争点となった事例です。

本事例で、Xの地位確認請求が認められるか検討していきましょう。

(1) 解雇権濫用法理

――まず、前提として、無期労働契約の労働者の場合の解雇権濫用法理を説明してください。

　無期労働契約の労働者については、判例上、解雇権濫用法理が形成されてきました。解雇に当たって、合理的な理由を欠き、社会通念上相当と認められないときには、権利を濫用したものとして、解雇は無効となるという理論です。これは平成15年に労働基準法18条の2で明文化され、平成19年の労働契約法の制定に当たって、労働契約法16条に移されました。

(2) 民法上の原則

――では、有期労働契約の労働者の場合について、民法上の原則を教えてください。

　有期労働契約の労働者については、原則的には、当該契約期間が満了すれば、労働契約の期間は終了し、労働者側も使用者側も特段の理由を必要としません。これは有期労働契約の自動終了機能といいます。労働契約の更新は、新たな労働契約の締結になり、契約自由の原則から、労働契約を更新するか否かは、当事者が自由に決定できます。

――長期間にわたって有期労働契約が反復更新されてきた場合でも、同様に考えてよいでしょうか。

長期間にわたって有期労働契約が反復更新されてきた場合には、事情が異なります。労働者は、契約期間の定めはあるものの、更新の結果、長期的な雇用を期待するのが通常です。期間満了による突然の雇止めを実施されれば、解雇と同様に、労働者は生活の基盤を失います。

　使用者は雇用量を柔軟に調整し不況時などに対処するために、必要なときには有期労働契約を反復更新しつつ一定の労働力を確保し、不況などが来れば契約期間満了により雇止めをするということが一般的に見られる状態です。かつては臨時工問題と呼ばれましたが、現在ではブルーカラーにとどまらず問題の範囲は大きく広がっています。

　使用者に比べて立場が弱く雇用が不安定な労働者を保護すべく、契約終了、更新は自由であるという原則は、修正が図られなければなりません。

(3)　判例による雇止め法理の確立

——裁判実務は民法上の原則をどのように修正しましたか。

　①有期労働契約が反復更新によりあたかも期間の定めのない契約と実質的に異ならない状態にある場合（東芝柳町工場事件・最一小判昭和49年7月22日民集28巻5号927頁・判時752号27頁）、そして②労働者の雇用継続の合理的な期待が存する場合（日立

> メディコ事件・最一小判昭和61年12月4日集民149号209頁・判時1221号134頁)には、契約を更新しないという意思表示（雇止めの意思表示）は、実質的には解雇の意思表示なので、解雇に関する法理を類推適用すべきという判例法理が確立しました。雇止めの意思表示が無効とされれば、有期労働契約が更新されたのと同様の地位が確認され雇用継続が確保されます。いわゆる雇止め法理というものです。

(4) 労働契約法19条による雇止め法理

——現在、雇止め法理は、労働契約法19条に明文化されていますね。

> 労働契約法の平成24年改正で明文化されました。この条文は判例法理の「内容」を確認しただけではなく、合理性と相当性を欠く雇止めの場合に、労働者の申込みに対し、使用者が同一条件の有期労働契約の締結を承諾したという形で労働契約の締結を擬制しています。もはや解雇権濫用法理の類推適用という形をとるものではありません。これは労働契約法の基本原則とされる合意原則との整合性を図ったものと言えます。

——なお、労働者の申込みは、厳密な意味での申込みの意思表示でなくてもよく、雇止めに対する何らかの異議申立てであればよいと解されています。また、期間満了後の申込みは「遅滞なく」する必要がありますが、合理的な理由のある期間の経過は許容されると解されますので、ある程度柔軟に判断してよいで

しょう。

(5) 不更新条項の問題

――なぜ、使用者は、有期労働契約の更新時に「次回の更新はしない」旨の不更新条項を入れるのでしょうか。

　使用者も、有期労働契約が更新されていたときには、労働契約法19条（雇止め法理）のリスクは理解しています。有期労働契約の更新ができない事情がある場合、労働者に更新がないことを理解してもらった上で、有期労働契約を締結してもらい、期間満了時のトラブルを防止する必要があります。もっとも、使用者が一方的に更新限度を告げるとか、次回には更新しないといっただけでは雇用継続に対する労働者の期待は失われない可能性があります。そこで、不更新条項を入れて契約更新を行い、労働者の雇用継続の期待を解消して、労働契約法19条2号が適用されないことを明確にしておくことが合理的です。

――**不更新条項の有効性や位置付けは争いがあるところです。本事例の検討の際に詳しく見ていきましょう。**

## 2　労働契約法19条の適用の有無

(1) 労働契約法19条1号

――**では、以上の議論を前提に、本事例を検討しましょう。本事例において、Xは、いかなる根拠で地位確認を求めますか。**

まず労働契約法19条1号に該当することを根拠とします。

労働契約法19条1号は、「当該有期労働契約が過去に反復して更新されたことがあるものであって、その契約期間の満了時に当該有期労働契約を更新しないことにより当該有期労働契約を終了させることが、期間の定めのない労働契約を締結している労働者に解雇の意思表示をすることにより当該期間の定めのない労働契約を終了させることと社会通念上同視できると認められる」ときには、「労働者が当該有期労働契約の更新の申込みをした場合又は当該契約期間の満了後遅滞なく有期労働契約の締結の申込みをした場合であって、使用者が当該申込みを拒絶することが、客観的に合理的な理由を欠き、社会通念上相当と認められないときは、使用者は、従前の有期労働契約の内容である労働条件と同一の労働条件で当該申込みを承諾したものとみなす。」と規定しています。

——**労働契約法19条1号は、判例法理を明文化したものですが、どのような判例法理でしたか。**

東芝柳町工場事件（前掲最一小判昭和49年7月22日）と呼ばれる判例です。雇用期間2か月の労働契約が5回ないし23回にわたって更新された後、雇止

めをされた事例において、長期間にわたって有期労働契約が反復更新されてきた等の事情からは、実質的に無期労働契約と変わりがない状態になっているので、その雇止めの意思表示は、解雇の意思表示に当たるものであり、解雇権濫用法理が類推適用されるとされたものです。

——有期労働契約の「実質無期タイプ」と呼ばれるものですね。本事例において、Xとしては、具体的にどのような点を指摘して、労働契約法19条1号の該当性を主張することになりますか。

Xは、平成14年からほぼ1年間隔で、1か月から3か月の有期労働契約の締結・更新・満了を繰り返し、約11年1か月という長期間にわたって製造ラインで工作用機械部品の製造業務に従事していたこと、平成25年9月29日の10月から2か月間の労働契約において、更新上限期間が最長1年間とされていたのが3年間と改められたこと等から、実質的に無期労働契約となっていたと主張することになります。

——Y社は、どのような反論をしますか。

11年1か月という期間とはいえ、各有期労働契約の締結・更新との間には、一旦退職をした後、数日から1か月程度の契約関係（雇用関係）が存しない期間を置いてきており、Xもこれを了解して各有期

> 労働契約の労働契約書をきちんと作成し、その都度締結してきたものであり、無期労働契約と同視することはできないこと、更新の上限期間は、単に更新の限度を画するものであって、この期間の更新を保障したものではないこと等から、平成25年9月29日時点でも実質的に無期労働契約にはなっていないことを主張します。

――現在、一般的に、企業は、更新手続を厳格にするなど、労務管理を厳格化してきており、労働契約法19条1号に該当すると言える事例は相当に少なくなっていると思われます。本件においても、Y社が指摘する事情からすれば、東芝柳町工場判例に類する「実質無期タイプ」とは言い難く、労働契約法19条1号の該当性は認められにくいでしょう。

(2) 労働契約法19条2号

――仮に労働契約法19条1号の適用が難しいとして、Xは、次にどのような主張をすることが考えられますか。

　　ア　不更新条項が存在する場合

> 労働契約法19条1号の事例に当たらないとしても、労働契約法19条2号の事例に当たるとの主張をします。労働契約法19条2号は、「当該有期労働者において当該有期労働契約の契約期間の満了時に当該労働契約が更新されるものと期待することについて合理的な理由があるものであると認められるとき」には、1号同様、従前の有期労働契約の内容で

> ある労働条件と同一の条件で当該申込みを承諾したものとみなされることになります。

――労働契約法19条2号は、どのような判例法理を明文化したものですか。

> 日立メディコ事件（前掲最一小判昭和61年12月4日）です。事案としては、期間2か月の労働契約が5回更新された場合で、解雇権濫用法理の類推適用の結果、雇止めが有効と認められましたが、規範として、雇用継続への期待がある程度存在している場合においては、解雇権濫用法理の類推適用がなされるとされたものです。

――「期待保護タイプ」と呼ばれるものですね。東芝柳町工場事件の「実質無期タイプ」を条文化したのが19条1号、日立メディコ事件の「期待保護タイプ」（その中でも「反復更新タイプ」）を条文化したのが19条2号です。
　本事例において、Xは、具体的にどのような点を指摘して、労働契約法19条2号の該当性を主張することになりますか。

> 労働契約法19条1号のときに指摘したのと同様、11年1か月にわたって有期労働契約が繰り返し更新されてきたこと、平成25年10月からの有期労働契約において、契約更新上限期間が1年から3年に延長されて、客観的に3年間勤務を継続する働き方が保障されたと安心させたものであるため、Xには雇用継続への期待があったことに合理的な理由はあると

主張することになります。

—— Y社はどのような反論をしますか。

　基本的には、労働契約法19条1号の場合と同様にはなります。特に指摘すべき点は、Y社において、11月～12月に複数回にわたって説明会を実施してXも2回出席していたこと、ここで契約社員全員の更新ができないことを説明していること、不更新条項を明確にした労働契約書を作成してXに提示し、Xがこれに署名等して提出していること、さらにXが12月18日には退職届を提出していることといった事情からは、Xには、既に雇用継続の合理的期待は失われていたと言えるので、労働契約法19条2号の場合には該当しないと主張します。Xがこの間、不満や異議を述べていないことも、雇用継続への期待が失われていたことの裏付けであるとも主張します。

　イ　不更新条項が存在しない場合

—— 仮に、Xが、12月1日からの不更新条項付きの有期労働契約を拒絶し、11月30日をもって雇止めになっていたときはどうでしょうか。

　なおさら、雇用継続への期待があった状況の中での雇止めなので、労働契約法19条2号に該当し、有期労働契約は更新されると考えます。本田技研工業事件の裁判例でも、不更新条項付きの契約更新をせ

ず、雇止めになっていれば、解雇権濫用法理が適用されたとの指摘がされています。

確かに、9月29日に更新上限期間を3年間とする有期労働契約が結ばれていますから、雇用継続への期待はある程度認められ、労働契約法19条2号には該当するかもしれません。しかし、更新拒絶に合理性と相当性があれば、更新は認められません。Y社は整理解雇の状況と言えますので、合理性と相当性は、いわゆる整理解雇の4要素（4要件）に従って判断されます。

——それでは、Y社の雇止めは、整理解雇の4要素（4要件）、すわなち、①人員整理の必要性、②整理解雇選択の必要性（解雇回避努力）、③被解雇者選定の妥当性、④手続の妥当性を満たしていると言えるでしょうか。

①人員削減の必要性については、Y社は急激な不況により販売実績が急減し、ラインに必要な人員が450人にまで減少し正社員数460人を下回っており、正社員に外部委託していた業務を行わせる等対処したが、これ以上の対処ができなくなり、人員を削減することはやむを得ない状況となっています。

②整理解雇選択の必要性（解雇回避努力）については、配置換え等を行っています。

③被解雇者選定の妥当性については、正社員の解

雇の前に契約社員（有期労働契約の労働者）の更新拒絶をすることは妥当な順序であり、また、契約社員は全員について更新拒絶するもので、契約社員の中での選定に問題はありません。

④手続の妥当性については、全労働者に対する説明会を計3回、契約社員に対して別に1回説明会を実施していますし、この中で状況について説明しています。

以上のとおり、整理解雇の4要素（4要件）をいずれも満たしていると考えられます。

②解雇回避努力について、契約社員であっても、他の業務への配転等を十分に検討しなければ、解雇回避努力が尽くされたとは言えません。

①人員削減の必要性についても、あくまで短期的なものであって、長期的な視点からみれば、長年働いてきた契約社員を雇止めする状況には至っていないと考えられます。

**――労働契約法19条2号の場合では、1号の場合と異なって、雇用継続への期待にとどまっているという性質から、更新拒絶の合理性と相当性は、無期契約の解雇権濫用の判断よりは、緩やかに判断されます。有期労働契約である以上、終身雇用を前提とする無期契約の正社員よりは緩やかであってもやむを得ないということです。**

**しかし、有期労働契約の労働者間では取扱いに差異を見いだせませんから、**

有期労働契約の労働者だけを対象として、本事案のように整理解雇の4要素（要件）を満たすか否かを判断します。特に、いきなり有期労働契約の労働者全員を雇止めする前に、希望退職者の募集等を行うことが必要と考えられます。Y社はこれを行っていない点で、十分に②解雇回避を努力したか問題が残るように思われます。

## 3　不更新条項の有効性等

### (1)　不更新条項の評価

――ところで、本事案では、Xは、不更新条項付きの有期労働契約書を作成・提出しています。この点をどのように評価しますか。

> 労働者が自由意思で合意するわけですから、契約自由の原則から、不更新条項も有効です（近畿コカ・コーラボトリング事件・大阪地判平成17年1月13日労判893号150頁、本田技研工業事件・前掲東京高判平成24年9月20日）。Xが不更新条項の入った有期労働契約書を提出し、さらに、12月18日に退職届を提出しており、この間、Xが不満や異議を述べたり、労働契約を更に継続することを求めたりしていないという経過からすれば、当然、雇用継続の期待を放棄したものと理解します。したがって、労働契約法19条の適用はなく、更新拒絶は適法であると考えます。

――本田技研工業事件や近畿コカ・コーラボトリング事件の裁判例も同様の判断をしていますね。不更新条項により、労働契約の期待を放棄したもので、結

局、解雇権濫用法理の類推適用は認めず、更新拒絶は有効であるとの判断をしています。不更新条項をめぐる合意は、労働契約の合意解約と類似したものであり、有効であるという考え方もあります。

> 不更新条項は、労働契約法19条の潜脱を意図するものであり（明石書店事件・東京地決平成22年7月30日労判1014号83号）、公序良俗に違反し、無効というべきです。不更新条項は、変更解約告知に類似し、Xは、不更新条項付きの有期労働契約を拒否すれば直ちに雇止めされますので、契約が今回で終わるか次回で終わるかの究極の選択を迫るものであり、妥当性を欠きます。

――いわば前門の虎、後門の狼ということですね。

(2) 留保付承諾の可否

――不更新条項を争うことを留保しつつ、暫定的に労働契約を締結する、つまり、これにより解雇・更新拒絶を拒否するという、留保付承諾が許されるべきだという考え方があります。

> 民法528条は、「承諾者が、申込みに条件を付し、その他変更を加えてこれを承諾したときは、その申込みの拒絶とともに新たな申込みをしたものとみなす。」と規定しています。同条によると、留保付承諾は契約更新の申込みの拒絶になりますので、留保付承諾は認められません。

> 民法528条は、新たに契約を締結する場合の規定であるので、継続的な契約関係である労働契約の更新の場合には適用がないと考えられます。また、信義則上、使用者は、労働者の留保付承諾を応諾する義務があるとも考えられます。

——この点は、裁判実務上も争いがあるところですね（日本ヒルトン事件・東京地判平成14年3月11日労判825号13頁は肯定、東京高判平成14年11月26日労判843号20頁は否定）。

——労働者の立場から、他にはどういった構成が考えられますか。

> 不更新条項を付したことが、更新拒絶の合理性と相当性の判断に当たって、評価障害事実として、総合考慮の一内容として考慮の対象とされるにすぎないと主張することが考えられます。
> 
> 確かに、不更新条項に合意したことによって、雇用継続の合理的期待は若干失われる方向へ行きますが、必ずしも全ての期待が失われたわけではなく、いまだ労働契約法19条の適用は可能だと主張します。

——明石書店事件（前掲東京地決平成22年7月30日）の構成ですね。学説でもこれを主張するものが見受けられます。

　他の構成としては、不更新条項について、Y社がXらの理解を得るべく、十分に資料や根拠を示して時間をかけて丁寧に説明を行っていなければ、不更新条項についての合意の存在は認められないという主張（東武スポーツ宮ノ森カントリー事件・東京高判平成20年3月25日労判959号61頁）や、不更新条項は

今度の契約期間満了時に雇止めをするという使用者からの単なる雇止めの予告、つまり観念の通知と労働者によるその確認にすぎないという主張も考えられます。これであれば雇止めに労働契約法19条がストレートに適用できることになります。

## 4　関連問題

──今後、使用者側として、本事案のように、労働契約法19条の問題への対処が必要になるのは、どういった場面でしょうか。

　使用者の立場では、不更新条項を悪用しようというのではなく、むしろ、有期労働契約の更新がこれ以上ないことの合意を、労使両者の立場で明確にするために、不更新条項を用いています。労働契約法19条が新設され、判例法理が明文化されたことで、使用者としては有期労働契約の更新の有無を明確にすることの責任がより強まったと理解されますから、人員削減の必要が生じた場合に無用のトラブルを避けるためにあらかじめ労働者に納得してもらい有効に雇用関係を終了すべく、不更新条項の積極活用を図りたいところです。

──労働契約法18条との関係はどうですか。

　労働契約法18条は、平成25年4月1日以後に開始した有期労働契約の通算期間が5年を超えることとなった場合、当該有期労働契約の期間中に、労働者

> に無期契約への転換の申込みができる権利を付与しています。例えば、期間1年の労働契約を考えますと、直接的には、平成30年4月1日以後になって、この無期転換申込権は発生します。

——平成30年4月1日までの間であれば、何の問題も生じませんか。

> 平成25年4月1日以前から有期労働契約が更新されてきた場合であっても、平成30年4月1日を目前にして、有期労働契約を更新しなかったときには、労働契約法18条そのものの問題とはなりません。
>
> しかし、無期転換権の発生を目前にして雇止めを行ったとして、19条の問題として争われるリスクは明らかに存するわけです。労働契約法19条が適用され、雇止めが有効と認められずに有期労働契約が更新された結果、結局は契約期間の通算が5年を超えてしまい無期転換につながるおそれがあります。
>
> こうしたリスクへの対応として、これ以上有期労働契約を更新しないというときには、あらかじめ契約当初から不更新条項を活用して、更新限度を明らかにしておき、労働者との間で、一定限度を超えて雇用継続の期待が存しないことを明確にすることは必要なことと考えます。

こうした対処こそが、労働契約法19条の脱法行為

として許されないと理解すべきであり、これまで議論してきたような解釈によって、労働者の救済が図られる必要があると考えます。労働者の救済のためには、労働者側の弁護士としては、この労働契約法18条、19条、そして20条の関係を正しく理解する必要があります。

　本事案のXのように、これまで契約更新を繰り返し、約11年1か月も同一の業務に従事していた労働者が、突然、19条が適用されない状況に置かれるということは、通常は考えにくいと思います。労働者に18条の無期転換申込権が発生するのは、平成30年4月1日以後ですが、何とかこの19条を根拠に契約更新を繰り返し、無期転換申込権を勝ち取っていくべきでしょう。

　もっとも、無期転換申込権を勝ち取ったからといって、有期労働契約の労働条件が正社員の労働条件と同一のものになるわけではありません。契約期間以外の労働条件については、期間の定めがあることにより、不合理なものになっていないかどうかを今の段階から意識して、20条を理由に労働条件を引き上げていくべきでしょう。

# 勝訴への道標

　有期雇用は、雇用の不安定さ、無期雇用労働者（正社員）との労働条件の格差、キャリア形成が困難等といった問題があります。このような問題を解決するために、労働契約法18条、19条、20条が存在するという視点を忘れてはなりません。

　労働契約法18条の無期転換申込権は、平成30年4月1日以後に発生するため、近時、使用者側から本事例のような雇止めが多くなされることが予想されます。労働者側弁護士としては、この労働契約法18条、19条、20条の関係を正しく理解し、労働者の救済を図っていく必要があります。

　使用者としては、有期労働契約の締結に当たっては、契約期間、更新の有無等を明確にして契約締結をすること、契約期間の満了に当たっては、契約終了の通知又は更新の手続を行うこと等の、契約締結手続を適正に行うことが何より重要です。そして、こうした手続に際しては、契約書等の作成が重要であることはもちろんですが、口頭で説明、協議した

内容を記録に残しておくことが紛争の予防になりますし、紛争になった際にも、説明、協議内容を立証するのに有効な手段となると言えます。

# *Case*6  残業代請求

　Y社は九州の運送会社であるが、木材製造業者であるZ社の関連会社であり、もっぱらZ社の木材製品のみをZ社の顧客に配送している。Xは、Y社に入社し運転手として配送業務等に従事していたが、平成27年7月末日をもってY社を自主退職した。

　Xは、Y社から、午前8時50分にZ社の朝礼に参加し、午前9時から午後5時までは、Z社の工場内で同社の従業員の遂行する製材作業を手伝うよう命じられていた（ただし、正午から午後1時までは休憩時間であった。）。また、Z社が顧客に配送すべき荷物の準備ができた日には、当該荷物を関西、中国、四国又は九州の顧客のもとへ配達するため、大型トラックを用いた輸送に出発するよう命じられていた。輸送に出発する時刻は、Z社の荷物の準備の進捗によって左右されたが、概ね午後3時から午後9時の間に出発することが多かった。また、輸送にフェリーを用いるか否かは、Y社があらかじめXに指示し、乗船する便を予約していたが、輸送業務の進捗やフェリーの便数の兼ね合いから、乗船前に1時間から6時間程度、運転の必要のない時間帯が生じた。輸送業務においては、指定された時間帯に荷物を顧客に届ける必要があったが、その業務遂行過程において、適宜、仮眠等の休憩をとることは容認されていた。

　Xは、在職中の時間外労働、深夜労働及び休日労働に対する賃金が支払われていないとして、Y社に支払を求めて交渉したが、次のとおり双方が主張を譲らず、交渉は決裂した。なお、Y社では、就

業規則は作成されておらず、労働契約書も交わされていなかった。Xの賃金は月給制であった。

1　Y社の主張

■労働時間について

　ア　一日の所定労働時間は7時間である（午前9時から午後5時。うち正午から午後1時まで休憩）。朝礼は、管理職の挨拶を聞く程度のことで労働時間ではない。

　イ　輸送への出発が午後5時以降になる場合、午後5時までは工場内で働いているが、午後5時以降、出発までは労働時間ではない。

　ウ　輸送に出発してから帰社するまでの間、車両が停止していたか、移動していたかはタコメーターによって確認可能である。配達先で荷物を引き渡している時間帯の停車時間は労働時間であるが、それ以外の停車時間は全て休憩時間である。

■残業代が未払いであるか否かについて

　輸送業務を命じた場合には、行き先方面ごとに、「運行手当」の名目で時間外手当を、「運転手当」の名目で深夜手当を支払っている。したがって、残業代の未払いはない。

2　Xの主張

■労働時間について

　ア　朝礼は、必ず出るように言われていたのだから、労働時間である。

　イ　出発が午後5時以降になる場合も、出発まで、社内にいなければならないのだから、その時間帯も労働時間である。

　ウ　フェリーの乗船時刻まで港で停車・待機していた時間も労働

時間である。また、フェリーに乗船している時間も労働時間である。

■残業代が未払いであるか否かについて

行き先方面ごとに「運行手当」と「運転手当」の支払があったのは事実であるが、これが残業代だという話は退職するまで一度も聞いたことがない。

## 1　残業代の請求根拠

——**本事例では、Xは、在職中の時間外労働、深夜労働及び休日労働に対する賃金の支払を求めているわけですが、一般には、こうした残業代は、何を根拠に請求するのでしょうか。**

> 就業規則があれば就業規則です。就業規則が作成されていない場合にも、労働基準法に基づき請求できます。

——**本事例では、就業規則は作成されていませんので、労働基準法に基づき請求することになります。労働基準法によると、時間外労働、深夜労働、休日労働の賃金について、それぞれ、どのようなルールとなっていますか。**

> 「時間外労働」は、法定労働時間を超える労働をいいます。労働基準法は、労働時間は原則として1日8時間、1週間40時間を超えてはならない（32条）と定めています。この時間を超える労働（時間外労

働）に対しては、25％以上割増しした賃金を支払わなければなりません。

　深夜労働は、午後10時から午前5時までの労働です。それが所定労働時間でも残業でも、25％以上割増しした賃金を支払わなければなりません。時間外労働として深夜労働をした場合には、時間外労働の割増賃金と深夜労働としての割増賃金が重複することになり、50％以上割増しした賃金を支払わなければなりません。

　休日労働は、法定休日における労働です。労働基準法は、休日は、原則として、週1回以上与えなければならない（35条）と定めています。休日労働に対しては、35％以上割増しした賃金を支払わなければなりません。休日労働に際し、時間外労働を行ったとしても、時間外労働分の割増賃金は発生しないとされています。しかし、休日労働に際し、深夜労働を行った場合は、60％以上割増しした賃金を支払わなければなりません。

——**本事例では、1日の所定労働時間は7時間です。例えば、1日9時間働いた場合に、法定労働時間である8時間を超える部分の1時間は、割増賃金の支払が義務付けられます。7時間の所定労働時間を超えるけれども、法定労働時間である8時間を超えない部分の1時間は、割増賃金の支払を義務付けられますか。**

8時間を超えない部分の1時間については、通常の所定賃金を支払う必要はありますが、割増賃金の支払義務はありません。このように、法定労働時間を超えないけれど、所定労働時間を超える部分の労働を法定内残業といい、それに対して、法定労働時間を超え、割増賃金の支払義務の生ずる労働を法定外残業といいます。

## 2　労働時間

——**残業代を計算するには、まずは、実労働時間が何時間であったかが問題になりますね。一般に、労働時間については、どのように判別されますか。**

　労働時間は「労働者が使用者に労務を提供し、使用者の指揮命令に服している時間」と定義されます。抽象的には、労働者が使用者から時間、場所、業務の内容について具体的な指示の下に拘束を受け、その指揮命令下に置かれていると評価される時間が労働時間です。

　「拘束時間」すなわち出勤時間から退勤時間までの労働者が拘束されている時間は、全てが労働時間になるわけではありません。「休憩時間」すなわち労働時間の途中で労働から離れていることが権利として保障されている時間は、労働時間からは除外さ

れます。また、「自由時間」すなわち労働時間の前後において、就労が免除されている時間も労働時間からは除外されます。

## 3　本事例での労働時間

——**事例では、まず、朝8時50分から9時までの朝礼が労働時間であるか否かについて当事者の主張に争いがあります。労働時間と評価されるか否かについてどのように考えるべきでしょうか。**

朝礼が任意に参加すればよいというものではなく、使用者から出席を命じられて出席していたのであれば、労働時間というべきです。

——**実作業は何もなかったとしても、労働時間なのでしょうか。**

挨拶程度の内容であったとしても、それを聞くことが業務遂行上必要だと使用者の側で判断をして、参加を命じているわけですから、朝礼への参加時間は、使用者の指揮命令に服しており、労働時間です。

——**業務そのものの実作業はなくても、業務の遂行上、使用者が必要だとして参加を命ずる、朝礼だとか、準備体操だとか、教育や訓練といった時間は、労働時間になるということですね。**

　次に、Y社では、Z社の都合で、運転手に輸送業務の出発を命ずるのが午後5時以降になる場合があり、Y社は、午後5時から出発を命じられるまでの時間は労働時間ではないと主張しています。使用者側から相談を受けた弁護士と

しては、このようなY社の主張を聴いたときに、どんなことを検討しますか。

　労働時間であるか否かは、労働者が使用者の指揮命令下にあると評価されるか否かが鍵になります。労務を提供するために待機している時間については、出発までの作業体制の中に組み込まれていると評価されるような状態で待機しているのであれば、実作業を行っていなくても、指揮命令下にあったとして労働時間とされる可能性があります。Y社からは、運転手の出発までの具体的な待機状態を詳しく聴き取って、労働時間と評価するのにふさわしくないと言えるような状態にあることを確認する必要があります。

　例えば、午後8時の出発を命じたとして、その出発時刻は、運転手にいつ、どこで、どうやって伝えられるのか、出発時間を伝えられるまで、又は伝えられた後、運転手は何をして過ごしているのかなどです。仮に、工場での作業が終わった午後5時の時点で、Xに対し「今日の出発は午後8時になる見込みなので、午後8時に車に戻ってくればよい」と伝えているというような事情でもあれば、労働時間ではなく、自由時間という評価に傾くのではないかと思います。

——Xは、出発まで、社内にいなければならなかったから労働時間だと主張していますが、Xから相談を受けた弁護士としては、どのような点を確認する必

要がありますか。

　労働時間と評価されるか否かは、出発までの作業体制の中に組み込まれていたと評価できるかどうかがポイントになるのは同じです。この点、単に「社内にいなければならなかった」という主張だけでは、不十分なので、社内にいなければならなかった理由を確認する必要があると思います。

　本事例では明らかではありませんが、輸送に出発するということは、トラックの荷台に荷物が積まれているということになります。そうすると、その荷物はどこで積み込まれるのか、そこまで車両を移動させるのは誰なのか、荷物を荷台に載せる作業は誰がするのか。Xが荷台に積み込むわけではないとしても、Xは荷物の積載量や安全に積まれているかといったことについて、運転手として責任を負うべき立場にあるわけで、何らかの形で、積載量や積込みの安全性について確認しているはずです。例えば、積込み作業それ自体は別の人がしていたとしても、Xが、その作業状況を確認する必要があったのであれば、Xも作業体制の中に組み込まれていたとして、使用者の指揮命令下にあったという評価に傾くと思います。

**――次に、Xが輸送業務に出た後、港で乗船時刻を待っている時間や、フェリーに乗船している時間帯についても、労働時間であるか否かについて争いがあり**

ます。まず、使用者側では、どのように考えますか。

> フェリーに乗船中は、運転手は、車両から離れて、客室など、それなりにくつろげるスペースで何をしていてもよい、という前提でフェリーへの乗船を指示されていたと見るのが自然です。就労から完全に解放されているわけで、労働時間ではないというべきです。
>
> また、乗船時刻までも、港の駐車場に車両を停めて、乗船時刻の少し前までに車に戻ってくればよいわけで、その間は、基本的にどこで何をしても自由なはずですので、労働時間ではないというべきです。

――労働者側ではどのように考えますか。

> フェリーへの乗船待ちの時間帯については、運転手には、業務として、車両や積荷を管理する義務があると思いますので、長時間、車両を離れるということは業務遂行上、前提とはなっていないはずです。仮に、トイレなどで車両を離れることがあったとしても、短時間で車に戻って車両や積荷を管理するという前提で、輸送業務が命じられていたと考えるのが自然ではないでしょうか。
>
> 乗船中は、運転手が車両を管理する必要はないので、労働時間ではないと言われても仕方がないようにも思いますが、それでも、到着時刻の直前には、

> 船を降りるのに備えて車両に戻らなければならないと思いますので、そこからは労働時間ということになると思います。

——フェリー乗船中については、基本的には休憩時間であり、乗船待ち時間については、運転手が車両や積荷の管理義務から解放されていたか否かで決まることになりそうです。

　裁判例（立正運送事件・大阪地判昭和58年8月30日労判416号40頁）には、大型トラックを運転して、劇薬を配送するという輸送業務について、フェリー乗船中を除いては、特段の事情のない限り、食事をとるために停車していた時間も含めて、車両や積荷の管理保管の責任を免れていなかったとして労働時間であるとしたものもあります。しかし、この裁判例も、管理保管の責任の内容や程度については説明していませんので、積荷が劇薬でなかったら、結論が変わるのかどうか意見が分かれるのだろうと思います。

## 4　残業代が未払いであるか否か

——Y社は、「運行手当」と「運転手当」として残業代を支払っていたから、残業代の未払いはないと主張しています。「運行手当」と「運転手当」は、行先に応じてあらかじめ決められた定額が支払われています。労働基準法が支払を求めている割増賃金に代えて、一定額の手当を支払うのは問題ないのでしょうか。

> 労働基準法が求めているのは、あくまで、労働基準法の定める計算方法による割増賃金額以上の額の残業代を支払うことであって、それを支払ってさえ

> いれば、計算方法が労働基準法と異なっていても構わないし、固定額で支払っても構わないというのが裁判例です。ただし、固定額で払ったものが、実際の労働時間に基づいて労働基準法所定の計算方法によって算出した割増賃金を下回っている場合、下回っている限りで労働基準法違反であり、残業代の未払いがあることになります。

——関西ソニー販売事件・大阪地判昭和63年10月26日労判530号40頁等の裁判例で、定着している考え方ですね。それでは、例えば、○○という名称の手当を支払っている場合、その○○手当の中に、割増賃金が含まれていると主張できることになるのでしょうか。

> ○○手当のうち、割増賃金の部分と通常の賃金の部分との区別が明確にされていれば、という条件付きで認められます。

——今の点を、もう少し、詳しく教えてください。

> 基本的には、労働基準法の基準以上の割増賃金が支払われていれば、それをどのように算出してもよいわけです。支払方法にしても、何らかの手当に含めて支払ってもよいわけです。ただし、何らかの手当に含めて支払う場合、単に含まれているというだけではなく、その手当のうち、いくらが割増賃金相当部分で、いくらが通常の賃金なのかが、明確に合

意されているか、又は就業規則で定められていなければならないというのが裁判所の考え方です。

　割増賃金の部分と通常の賃金の部分とが明確に区別されていないと、そもそも、労働基準法所定の基準以上の割増賃金が支払われているか否かを確認できません。そのような残業代の支払い方は認められないという考え方だろうと思います。

**――割増賃金の部分と通常の賃金の部分との区別が明確でない場合は、その手当の支払をもって割増賃金を支払ったとは認められないという考え方は、高知県観光事件・最二小判平成6年6月13日集民172号673頁・判時1502号149頁等で示されていますね。この考え方を前提にして、Y社の主張の当否を考えてみましょう。**

　Y社の主張は、「運行手当」と「運転手当」の全額が、時間外割増賃金又は深夜割増賃金に相当するということだと思います。全額が割増賃金の部分ということで、通常の賃金とは明確に区別されているということになると思います。

**――Y社の主張に対して、Xは、どのように反論しますか。**

　そもそも「運行手当」や「運転手当」が割増賃金として支払われたという根拠がありません。Y社には、就業規則はなく、労働契約書も作られていませ

ん。Xも、割増賃金として支払われたという話は聞いたことがないと言っています。

——Y社が、いわば後付けで、あれは割増賃金として払ったと主張しているということですか。就業規則もなく、労働契約書もないという中で、そもそも、労働契約上、「運行手当」等がどのような趣旨の賃金として支払が合意されたのかという契約の意思解釈のような話になるのでしょうか。

少なくとも、「運行手当」等を割増賃金であると主張するのなら、何時間分の時間外労働又は深夜労働の割増賃金に相当するのか、また、その時間分を固定額で支払う理由や経緯を、Y社の側で合理的に説明できなければ不自然です。

確かに、「運行手当」等を割増賃金であると主張する以上、Y社の側で、そのような賃金制度となった経過・理由や、Xに対する説明の有無について、ある程度の説明はできないといけないでしょう。ただ、逆に、それなりに自然で合理的な説明ができれば、割増賃金であるというY社の主張が通ることになるのではないでしょうか。

## 5　解決手続の選択

——具体的な解決手続の話に移りたいと思います。本事例のように交渉が決裂した場合、残業代の請求について、労働者側の弁護士としては、どのような解

決手続を選択するのでしょうか。

訴訟提起によるのが一般的です。

――賃金仮払いの仮処分を申し立てるわけにはいかないのでしょうか。

仮払いを命じてもらうには、保全の必要性、つまり、当該賃金の支払がなければ労働者の生計が成り立たないことを疎明しなければなりません。Xの収入や、貯蓄がどうであるかはわかりませんが、過去の残業代全部の仮払いを受けなければ、生活がすぐに破綻してしまうというのは、通常は疎明できない場合が多いと思います。

――残業代については保全の必要性の観点から仮処分による解決にはなじみにくいということですね。労働審判はどうでしょうか。

比較的簡明な事案、例えば、当事者双方がタイムカードどおりの労働時間であることに異議がない場合など、当事者間で労働時間に争いがない場合には、労働審判によって早期の解決を目指すことも選択肢に入れてよいと思います。

本事例のように、労働時間について、多岐にわたって争いがあり、また、労働時間を特定するために、日々のタコメーターの記録用紙を参照し、休憩時間と労働時間の判別をしなければならない場合、

労働審判にはなじまないように思います。

## 6 訴訟での主張・立証の流れ

### (1) 労働時間を証明する資料

——**訴訟で解決するとしても、訴状を作成する時点では、原告側にタコメーターの資料が手元にないというケースもありそうですが、その場合は、どうするのでしょうか。**

事前の交渉で、Y社から開示を受けていない限り、Xの手元にはないことになります。その場合、時間外の労働時間が少なくとも何時間以上あるから、未払いの賃金が少なくともいくら以上あるという形で、請求原因を特定して、一部請求の訴状を作成します。その上で、労働時間を特定するための資料を任意提出するように、Y社に求めて、Y社から資料の提出がされたところで、改めて請求原因を整理しなおして主張します。

——**一般には、労働時間を特定するための資料とは、何がありますか。**

最も典型的な資料は、タイムカードです。

本事例では、タコメーターの記録、運転日報、船会社からY社への運賃請求書類（乗船したフェリーの発着日時を特定する。）等が考えられます。

職種や、業務の内容によって様々ですが、作業を

> した時刻、職場に出入りした時刻が、客観的な記録として残る場合があります。労働者からの聴き取りによって、そうした資料を特定していくことになります。

——**使用者側では、そうした資料の任意提出を求められた場合、どのように対応するのでしょうか。**

> 提出を拒否しても、訴訟の中では、文書提出命令によって提出せざるを得なくなりそうです。労働時間の主張立証責任は、労働者側にあります。しかし、使用者側でも、労働者の主張する労働時間を否認する場合、手元に客観的な資料がある以上は、それを開示して、その内容に基づいて否認し、労働者側の主張を弾劾しないと、結局は不利になるおそれがあります。労働時間・休憩時間の特定するための客観的な資料については、任意提出に応ずるのが穏当な対応だと思います。

(2) 労働時間の計算方法

——**ところで、労働基準法上、割増賃金の支払義務が生ずるのは、1日8時間を超えた労働時間についてです。この1日というのは、何時から何時までなのでしょうか。本事例の場合、例えば、4月1日の午後9時に関西への輸送業務に出発した場合、暦の日付が変わる4月2日の午前0時をまたいで、就労する日もあると思われます。4月1日の労働時間としては、どの時点までを計算するのでしょうか。**

始業時間から、翌日の始業時間までを「1日」とみるというのが行政解釈（平成11年3月31日基発第168号）です。裁判上も、この考え方でよいと思います。例えば、所定の始業時間を午前8時50分とする場合、午前8時50分から翌日の午前8時50分までを「一日」と区切って、その間の労働時間を計算します。

(3) 除外賃金

——時間外労働時間数や、深夜労働時間数が特定できた場合、残業代を計算するには、時間当たりの割増賃金額を算出しなければなりません。時間当たりの割増賃金額を計算するには、例えば1.25倍する割増しの基礎となる、時間当たりの賃金を算出しなければなりません。この基礎賃金は、1か月の賃金総額から法定の除外賃金を控除し、1か月の平均所定労働時間数で割って計算します。なお、1か月の平均所定労働時間数は、1日の所定労働時間数に、その年の所定労働日数を掛けて、12か月で割って、計算します。

　　基礎賃金＝（1か月の賃金総額－法定の除外賃金）÷1か月の平均所定労働時間

　1か月の平均所定労働時間数＝1日の所定労働時間数×その年の所定労働日数÷12か月

　月給制の場合、この基礎賃金に、当該月の法定外労働時間数を掛けて、1.25倍（休日労働の場合は1.35倍）すると、時間外の割増賃金が計算できます。
　　割増賃金＝基礎賃金×当該月の法定外労働時間数

> ×1.25（休日労働の場合1.35）

―― 「法定の除外賃金」については、労働基準法施行規則21条に定めがあります。

> 労働基準法37条5項を受け、労働基準法施行規則21条は、①家族手当、②通勤手当、③別居手当、④子女教育手当、⑤住宅手当、⑥臨時に支払われた賃金、⑦1か月を超える期間ごとに支払われる賃金は、割増賃金の基礎賃金には算入しないとしています。①から⑤は、労働に関係なく個人的事情に基づき支払われるため除外され、⑥と⑦は、計算が困難であるため除外されます。
>
> そして、判例は、これらの除外賃金を限定列挙と解しています。これらの除外賃金に該当しない場合、基礎賃金から除外することはできません。

> 本事例では、Y社は「運行手当」と「運転手当」は、時間外割増賃金又は深夜割増賃金の趣旨で支払っていると主張しています。Y社の主張を前提にすると、「運行手当」と「運転手当」自体が割増賃金ですので、当然、「運行手当」と「運転手当」は基礎賃金（「月の賃金総額」）には含めないことになります。

―― Xは、「運行手当」と「運転手当」は残業代の支払ではないと主張してい

ます。

　Xの主張を前提とすると、「運行手当」と「運転手当」も基礎賃金（「月の賃金総額」）に含めることになります。

### (4) 遅延損害金

——**残業代について、遅延損害金の請求はできるのでしょうか。**

　賃金の不払いとして債務不履行ですので、遅延損害金を請求できます。それぞれの残業代が支払われるべき月々の賃金支払期日の翌日から、商法514条所定の年6％の遅延損害金が発生します。また、Xは退職していますので、「賃金の支払の確保等に関する法律」6条に基づいて、退職日の翌日からは年14.6％の遅延損害金が発生します。

　また、遅延損害金とは別に、労働基準法114条に基づき、未払いの割増賃金と同額の付加金を請求します。

——**仮に、割増賃金が未払いと認定されて、割増賃金の支払が命じられた場合、遅延損害金については、使用者側が争う余地はなさそうですが、付加金については争う余地がありますか。**

　労働基準法114条は、割増賃金を支払わなかった使用者には、労働者の請求により、裁判所は、未払いの割増賃金と同額の付加金の支払を命ずることが

できるとしています。この付加金は、労働基準法に違反して割増賃金を支払わなかったことに対する制裁として、裁判所が、未払いの割増賃金と同額を上限に、相当と考える限りで、使用者に支払を命ずることができるという性質のものです。したがって、裁判の結果として、労働基準法違反の未払いがあったとされても、使用者が労働基準法違反ではないと考えて、それを裁判で争ったことが、それほど強い非難に値しないと裁判所が判断すれば、付加金の支払を命じないこともできます。このため、使用者側では、労働基準法違反はしていないという自らの主張を尽くすと同時に、少なくとも、付加金が命じられるような悪質な事案ではないと主張しておく必要があります。

　また、賃金は、2年で消滅時効にかかりますが、付加金は、2年で除斥期間にかかります。除斥期間ですので、中断の制度はありません。割増賃金の消滅時効は完成していない場合でも、付加金の除斥期間は経過している場合がありますので、注意が必要です。

# 勝訴への道標

　労働時間を的確に主張立証するには、まず、その労働者の一日の仕事の流れ（担当職務の具体的内容、それを遂行する場所や段取り）を本人から詳細に聴取し、代理人において把握することが第一歩となります。職種や仕事内容によって、それを遂行する労働者でなければ知らないような事情や特徴があることも稀ではありませんので、丁寧に聴取する必要があります。労働時間を裏づける立証資料を検討する上でも、この点が非常に肝要です。仕事の流れを把握した上で、職務遂行上、どのような資料や痕跡が残されるかという点に留意して、労働時間を裏づける資料の有無やそれが存在する場所を特定していくことになります。

　固定残業代の許容性については、数多くの裁判例がありますが、事案によって給与体系等が異なるなどバリエーションも多いため、どの裁判例が参考になるかを選択することが肝要です。

労働時間については労働者側に主張立証責任があるものの、労働者側から一応の主張立証がなされている場合には、使用者の側でも可能な限りで主体的に労働時間の主張（認否・反論）を行わなければ、労働者側の主張がそのまま信用できるものと認定されてしまうおそれもあるため注意が必要です。

　また、固定残業代については、それを使用者が導入した経過や理由（事情）、当該固定額の設定（算出）方法の合理性などを、できるだけ具体的かつ明確に説明して、労働基準法上の割増賃金の支払に代替する実質を備えたものであることを裁判所に理解してもらう努力が必要となります。

# Case7 就業規則の不利益変更

　Xは、高校卒業後、Y工業に入社し、営業職として、本社及び全国の支店に勤務した。平成26年4月から、本社営業部に異動し、係長として勤務していた。

　Y工業は、広島県に本社を置く機械メーカーであり、従業員は800人、資本金は50億円である。Y工業は、広島県内の中核的な優良企業であるが、全国的には業績は下位である。機械業界を取り巻く環境も厳しく、赤字ではないもの、収益力は低い。55歳から60歳の労働者が全従業員の20％を占め、高コスト体質であり、ポストの不足も深刻である。

　Y工業は、平成26年10月、組織の活性化の維持、高コスト体質の改善、ポスト不足の解消を目的に、60歳定年制を維持しつつ、平成27年4月から55歳役職定年制を導入する方針を打ち出した。就業規則を変更し、55歳以上の労働者は、役職を解かれ、60歳まで役職手当を含む賃金の50％をカットし、経過措置として、平成27年から1年毎に12.5％の賃金引下げを行い、4年かけて50％の賃金引下げを実施することを決定した。併せて、55歳以上の労働者には、平成27年から5年間、社員食堂の昼食券を無料配付することを決定した。なお、40歳から50歳の労働者の賃金は、若干、引き上げられる。役職定年後の業務の内容は、役職定年前と同一である。

　Y工業は、平成27年2月、本社及び全ての支店、営業所、工場毎に過半数代表者の意見聴取を行い、就業規則を変更し、変更後の就

業規則を労働基準監督署に届け出るとともに、労働者に周知した。変更後の就業規則は、平成27年4月から適用された。

　なお、本社には、労働者が150人勤務するが、労働組合は存在しない。意見聴取に際しては、親睦会の代表者P（係長）が労働者の過半数の信任を得て、過半数代表者に就任した。Pは、広く労働者に意見を求め、その意見をY工業に伝えた。Y工業は、就業規則の変更前に、二度、労働者の説明会を実施し、変更内容と変更理由を説明した。

　Xは、55歳であったから、平成27年4月、役職定年により、係長の職を解かれ、同月以降、専任職の肩書きで営業に従事している。Xは、60歳の定年まで残り5年であり、本社の課長か営業所の所長になって、定年を迎えると考えていたことから、役職定年制の導入とそれに伴う賃金の引下げに不満を持っている。なお、専任職は、職階上の役職ではなく、役職定年後の形式的な肩書きである。

## 1　導入（労働条件の変更）

——**本事例は、みちのく銀行事件（最一小判平成12年9月7日民集54巻7号2075頁・判時1733号17頁）を参考にアレンジしたものです。Xは、55歳役職定年制を導入する就業規則の変更により、賃金の50％を引き下げられています。まず、前提として、一般に、労働条件の変更はどのような方法で行われますか。**

　(1)　合意の原則

　労働条件は、労働者と使用者の合意によって決ま

るのが原則です。

　労働契約法6条は、「労働契約は、労働者が使用者に使用されて労働し、使用者がこれに対して賃金を支払うことについて、労働者及び使用者が合意することによって成立する。」と規定しています。

　同法9条本文は、「使用者は、労働者と合意することなく、就業規則を変更することにより、労働者の不利益に労働契約の内容である労働条件を変更することはできない。」と規定しています。

　チェース・マンハッタン銀行事件（東京地判平成6年9月14日判時1508号157頁）では、賃金は労働契約において最も重要な労働条件としての契約要素であるから、労働者の同意を得ることなく、一方的に不利益に変更することはできないとされています。

(2)　就業規則の変更

――**労働者との個別合意がなければ、労働条件は変更できないのでしょうか。**

　使用者は、多くの労働者を雇用する関係で、労働条件を画一的に定め、また、画一的に変更する必要があります。そのため、使用者は、「就業規則」によって、労使間の労働条件を設定し、変更することができます。

　労働契約法7条本文は、「労働者及び使用者が労働契約を締結する場合において、使用者が合理的な

労働条件が定められている就業規則を労働者に周知させていた場合には、労働契約の内容は、その就業規則で定める労働条件によるものとする。」と規定し、労働契約締結時点の就業規則に、労働契約の内容を補充する効力を認めています。

また、同法 9 条ただし書は、「ただし、次条の場合は、この限りでない。」と規定し、合意原則の例外を定め、同法10条は、使用者が就業規則の変更により労働条件を変更する場合において、変更後の就業規則を労働者に周知させ、かつ、就業規則の変更が、①労働者の受ける不利益の程度、②労働条件の変更の必要性、③変更後の就業規則の内容の相当性、④労働組合等との交渉の状況その他の就業規則の変更に係る事情に照らして合理的なものであるときは、労働契約の内容である労働条件は、当該変更後の就業規則に定めるところによるものとすると規定し、労働契約締結後でも、労働者への周知と変更の合理性を条件に、就業規則の変更による労働条件の変更を認めています。

──周知の要件は、フジ興産事件（最二小判平成15年10月10日集民211号1頁・判時1840号144頁）において、「就業規則が法的規範としての性質を有するものとして、拘束力を生ずるためには、その内容を適用を受ける事業場の労働者に周知させる手続が採られていることを要する」と判示されていますね。

労働契約法 9 条及び10条は、就業規則の不利益変更に関する判例法理を明文

化したものですね。

　従業員全体に対して制度として決めている労働条件の決定・変更は就業規則によるのが原則です。これに対して、個別合意によって決定された労働条件の変更は個別合意が必要になるのが原則です。

(3) 就業規則の作成・変更の手続

——就業規則は、どのような手続を経て作成されるのでしょうか。

　常時10人以上の労働者を使用する使用者は、労働基準法89条によって就業規則を作成する義務があります。そして、作成・変更時には、労働者の過半数代表の意見を聴取する必要があります。作成・変更後には、労働基準監督署に届け出るとともに、労働者に周知する必要があります。

——労働基準法11条は、就業規則の変更手続に関して、労働基準法90条の過半数代表の意見聴取義務と労働基準法89条の労働基準監督署への届出義務を引用していますね。では、労働者への周知はどのような方法で行えばよいのでしょうか。

　周知の方法は、事業場の労働者が就業規則の内容を知ることができる状態に置くという実質的周知で足りるとされています（日音事件・東京地判平成18年1月25日判時1943号150頁、クリスタル観光バス事件・大阪高判平成19年1月19日労判937号135頁）。

> しかし、周知の有無に関する争いを避けるため、使用者は、就業規則を常時各作業場の見やすい場所に掲示したり、備え付けたり、パソコンから常時確認できるようにするなど、労働基準法106条及び労働基準法施行規則52条の2所定の方法で周知するのが確実です。

——なお、常時10人未満の労働者を使用する使用者の場合、労働基準法89条に基づく就業規則の作成・届出義務はありませんが、このような使用者でも、労働契約法7条や10条に基づき、就業規則の作成・変更により、労働条件の設定・変更が可能です。

(4) 個別合意と就業規則の関係

——労使の個別合意の内容と就業規則の内容が異なる場合、どうなるのでしょうか。

> 就業規則は、労使の労働条件の最低基準を定める役割を有しています。就業規則の基準に達しない労働条件を定める労使間の合意は無効となり、無効となった部分は、個別合意に代わって、就業規則がその内容となります（労働基準法12条／強行的直律的効力）。ただ、就業規則を上回る合意は有効であり、その場合には契約で定めた条件が労働条件として認められます。

## 2 就業規則の不利益変更

### (1) 不利益変更の有効要件

**——本事例では、55歳役職定年制の導入とそれに伴う賃金引下げが就業規則の変更により行われています。変更後の就業規則の拘束力が問題になりますが、労働者側はどのような主張をしますか。**

> Y工業の55歳役職定年制の導入とそれに伴う賃金引下げは、就業規則の不利益変更であり、変更の合理性がなく、労働者を拘束しないと主張します。

**——合理性の要件に関する判例を教えてください。**

> 秋北バス事件判決（最大判昭和43年12月25日民集22巻13号3459頁・判時542号14頁）は、「新たな就業規則の作成又は変更によって、既得の権利を奪い、労働者に不利益な労働条件を一方的に課することは、原則として、許されない」が、「労働条件の集合的処理、特にその統一的かつ画一的な決定を建前とする就業規則の性質からいって、当該規則条項が合理的なものであるかぎり、個々の労働者において、これに同意しないことを理由として、その適用を拒否することは許されない」と判示し、就業規則の変更による労働条件の不利益変更は、原則として許されないが、合理性を要件として例外的に許されるとしています。

第四銀行事件判決（最二小判平成9年2月28日民集51巻2号705頁・判時1597号7頁）は、判例法理を集大成する形で、合理性の有無は、具体的には、①就業規則の変更によって労働者が被る不利益の程度、②使用者側の変更の必要性の内容・程度、③変更後の就業規則の内容自体の相当性、④代償措置その他関連する他の労働条件の改善状況、⑤労働組合等との交渉の経緯、⑥他の労働組合又は他の従業員の対応、⑦同種事項に関する我が国社会における一般的状況等を総合考慮して判断すべきであると判示しています。

　労働契約法10条の「変更後の就業規則の内容の相当性」には、第四銀行事件判決における、④代償措置その他関連する他の労働条件の改善状況、及び、⑦同種事項に関する我が国社会における一般的状況が含まれます。同条の「労働組合等との交渉の状況」には、同判決の⑤労働組合等との交渉の経緯、及び、⑥他の労働組合又は他の従業員の対応が含まれます。労働契約法10条は、判例法理を変更したものではありませんので、判例の理解が欠かせません。

(2)　事前に相談を受けた場合

――**本事例では、既に使用者が就業規則を変更していますが、仮に就業規則を変更したいと事前に相談された場合、使用者側弁護士はどのようにアドバイス**

しますか。

　まず、就業規則の変更の必要性を確認するため、経営状況を確認します。労働者の不利益を軽減するため、代償措置や経過措置を設けるべきか検討する必要もあります。代償措置や経過措置は、労働者に対する不意打ちを防止し、経済的な打撃を緩和するだけではなく、就業規則の変更の合理性にもつながります。

## 3　不利益の意義と変更の合理性

### (1)　不利益の意義

――Y工業では、40歳から50歳の労働者の賃金は、若干増額されます。それでも不利益変更に当たるのでしょうか。

　不利益の有無は、労働者の全体ではなく、個々の労働者を基準に判断します。一部の労働者の利益になるとしても、不利益を被る可能性のある労働者が存在する以上、不利益変更に当たります。判例も、賃金の計算方法が変更された事案で、不利益変更に当たることを前提として、変更の合理性を検討しています（第一小型ハイヤー事件・最二小判平成4年7月13日集民165号185頁・判時1434号133頁）。

――使用者側は、どのように反論していきますか。

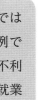

　就業規則の変更内容によっては、不利益変更ではないと主張することも考えられますが、本事例では、賃金が減額される労働者が存在する以上、不利益変更と認定される可能性が高いため、今回の就業規則の変更に必要性・合理性があることをしっかり主張しておく必要があります。

(2)　変更の合理性

——**仮に不利益変更に当たるとすれば、労働契約法10条の合理性の要件を満たすかどうかが争点となりますね。どのような要素を重視して、いかなる主張を行いますか。**

　合理性の判断においては、多くの要素を総合考慮する必要がありますが、最も基本で重要なのは、使用者側の必要性と労働者側の不利益の比較衡量です。

ア　①労働者の受ける不利益の程度

——**まず、労働者の受ける不利益を考えてみましょう。**

　Xとしては、①賃金の減少幅が大きく生活に支障が生ずること、②業務の内容が変わらないにもかかわらず、肩書がなくなり、キャリアを正当に評価していないこと、③精神的にも不利益が大きいことを中心に主張します。

——**労働者の不利益について、賃金の減少と、解職（役職を解かれる）では、違いは大きいのでしょうか。**

判例は、賃金・退職金等の重要な労働条件については、不利益を労働者に法的に受忍させることを許容できるだけの「高度の必要性」を要求しています（大曲市農協事件・最三小判昭和63年2月16日民集42巻2号60頁・判時1278号147頁）。賃金の引下げは最も重点的に主張すべきポイントです。

　イ　②労働条件の変更の必要性

——次に労働条件を変更する必要性を考えてみましょう。

　高年齢の労働者の増加に伴いポストが不足している事情や、合理的な経営戦略・意思決定の必要性を考えると役職定年制はやむを得ないこと、Y工業の組織体制からすれば、これ以上役職を新たに設けることはできないこと、むしろ経営状況を踏まえた機動的な対応を考えると、よりスリムな組織体制が必要であること、Y工業の業績や経営環境を考えると従来の賃金体系は維持できないこと等を主張します。Y工業としては、就業規則を変更する高度の必要性があることを重点的に訴える必要があります。

　ウ　③変更後の就業規則の内容の相当性

——変更後の就業規則の内容の相当性はどう考えますか。

　役職を離れるといっても、営業業務は引き続き担当するのであって、労働者のやりがいは維持できる

仕組みになっていること、役職を離れると役職手当もなくなるのは当然であること、中堅の労働者の役職への登用等も労働者のモチベーション維持の観点から重要であること等を主張します。40歳から50歳の働き盛りの労働者の賃金を引き上げており、全体的に見ればバランスを考えていることも併せて主張すべきでしょう。

　Xとしては、Y工業の組織体制からするとポスト不足は考えられないこと、中高年を十分に処遇できる組織体制であること、財務諸表等の検討結果に基づき、賃金引下げを行うほど、経営状況が悪化していないことを主張します。

　Y工業としては、1年に12.5％ずつ4年かけて50％賃金カットを実現するという経過措置と55歳以上の労働者には5年間に限り社員食堂の昼食券を無料で配付するという代償措置が導入されていることなども主張します。Y工業の経営を取り巻く環境を考えれば、すぐにでも変更した就業規則を完全実施したいところですが、労働者に対する不意打ちを防止し、影響を緩和するため、Y工業として、必要な配慮をしていると主張します。

4年の経過措置は短すぎるように思います。5年間の昼食券は代償措置として不十分です。代償措置は、労働者の不利益を相当程度カバーしなければ、十分ではありません。

　賃金の引下げについて、社会一般の水準や同業他社の水準がわかるようであれば、併せて主張します。例えば、賃金を引き下げても、社会一般の水準と同程度であり、また、同業他社の水準と同程度であることを明らかにできるとよいと思います。

　　エ　④労働組合等との交渉の状況等

**――労働組合等との交渉の状況等はどうですか。過半数代表者を労働者の親睦会の代表者が務めています。過半数代表者の選定方法に問題はないのでしょうか。**

　労働者、特にXから見ると、問題があります。過半数代表者は、過半数労働組合と同等の立場にある者が想定されているはずです。係長であるPは、Y工業の利益代表者に近く適正な代表とは言えないと考えます。PとY工業との関係性が強いことを明らかにして、労働者の代表者になり得ないことを主張する必要があるでしょう。

　Y工業としては、労働組合がない以上、労働者の

親睦会の代表者であるＰが過半数代表者になることもやむを得ないと考えます。Ｙ工業の働きかけではなく、Ｐ自身が自発的に過半数代表の候補者となる旨を申し出たことやＰが労働者全体に情報を提供して説明し、広く意見集約を図っていたことは、Ｐが労働者側の公正な代表者と言えることの裏付けとなります。また、一般的に、係長は経営に対し大きな権限を持っていませんので、Ｙ工業の利益代表者とは言えず、適正かつ公正に労働者の意見を代表できると考えます。

──**法令上、過半数代表者の資格は何ですか。**

労働基準法施行規則６条の２第１項は、①労働基準法41条２号の監督又は管理の地位にある者でないこと、②法に規定する協定等をする者を選出することを明らかにして実施される投票、挙手等の方法による手続により選出された者であることを要件としています。Ｐの場合、①の管理監督者ではありませんし、②の適正な手続により選出された者と言えます。

──**労働者側として、その他に主張する点はありますか。**

Ｙ工業は、就業規則の変更前に、２回、労働者への説明会を開き、変更内容とその背景事情を説明し

> たとしています。しかし、説明会での説明内容が不
> 十分である可能性があります。この点は、説明会の
> 配付資料や説明内容と実際の変更内容に相違がな
> かったか、労働者からの意見聴取は行われていたか
> などを、事前にXから詳しく聴く必要があります。
> Y工業の配付資料や説明会での説明を録音した音源
> があれば、有効な証拠になり得ると思います。

Y工業としても、説明会の議事録や質疑応答の記録がある場合、議事録等を提示して、労働者に十分な説明をしたことを主張する必要があるでしょう。

——説明会の開催と周知に関する参考裁判例として、**中部カラー事件・東京高判平成19年10月30日判時1992号137頁**は、説明内容について何ら客観的に明らかにするものは作成されていないこと、全従業員に対し、制度変更の必要性、新制度の概要、従業員にとってのメリット、デメリット等を記載した説明文書等を一切配付・回覧していないこと等から、退職金規程の変更について、実質的な周知がなされていないと判断しています。

　オ　まとめ

——本事例の参考となったみちのく銀行事件（前掲最一小判平成12年9月7日）では、役職定年制は、合理性を認めましたが、賃金引下げは、内容の相当性を認めず、合理性を否定しています。同判例からすれば、本事例でも同様の結論となる可能性が高いと思われます。Y工業の置かれた状況や中高年の労働者の多さ、ポストの不足、中堅層の労働者の処遇の必要性等を考慮すれば、役職定年制には、合理性があるように思われます。しかし、営業業務の内容は同

一であるにもかかわらず、50％の賃金カットは減少額が大きすぎますし、経過措置・代償措置も不十分と言えそうです。しかも40歳から50歳の労働者の賃金を引き上げている点も考えると、合理性は認められないと言えましょう。同一の業務をしているのであれば、賃金カットは20％から30％が限度ではないかと思われます。なお、判例はあくまで事例判断ですので、本事例も個別事情の差異により、判例と異なる結論をとることもあり得ます。

## 4　手続の選択

——ＸとＹ工業の間で実際に紛争が生じた場合、労働者側はどのように手続を進めますか。

　　最初は交渉となりますが、本事例のような就業規則の不利益変更の問題では、交渉で解決するのは少し難しいと思います。そのため、訴訟を提起することになるでしょう。

——労働問題を解決するには、訴訟以外の手続もありますが、なぜ訴訟なのでしょうか。

　　訴訟以外にも、仮処分や、労働審判がありますし、労働局や労働委員会のあっせんという手続もあります。しかし、単純な未払賃金を請求する場合や個人の解雇を争う場合と異なり、就業規則の不利益変更は、変更の合理性等の主張・立証が複雑になりがちです。比較的短期間に決定される仮処分や原則として期日が３回までの労働審判では、十分に主張・立

証が尽くせない可能性が高いと思われます。労働審判では、事案の性質に照らし、労働審判手続を行うことが紛争の迅速かつ適正な解決のために適当でないとして、労働審判法24条により、労働審判事件が終了する可能性もあります。労働局や労働委員会のあっせんも、同様の理由から、手続的になじまないと考えられます。以上から、訴訟の提起が適していることになります。

使用者側としても、就業規則の変更の有効性は、労働者全体に影響を与える可能性のある制度的な問題ですので、金銭的和解は難しく、いずれにしても訴訟で争うほかないと思います。

## 5　請求の内容

——**訴訟を提起する場合、具体的にはどのような請求になりますか。**

①一定の賃金額を受ける労働契約上の地位（職位）の確認と、②就業規則の変更後に受領した賃金と就業規則が変更されなければ受領したであろう賃金との差額を請求します。請求の趣旨は次のとおりです。

1　原告は、被告に対し、本社営業部係長であり、かつ、月額基本給○円及び職務手当○円の支払

> を受ける地位にあることを確認する。
> 2　被告は、原告に対し、○円（既発生分）及び平成○年○月から本判決確定の日まで毎月○日限り○円並びに各支払日の翌日から支払済みまで年6％の割合による金員を支払え。

——**Y工業は、株式会社ですので、賃金債権の遅延損害金は、商事法定利率が適用され、年6％になりますね。遅延損害金は、賃金の各支払日の翌日から発生しますので、最終支払日又は訴訟提起日までの金額は計算して、確定金額とし、その翌日から支払済みまでを不確定金額として請求することになります。**

なお、労働者が退職している場合、賃金の支払の確保に関する法律6条1項により、退職手当を除く賃金は、退職日の翌日から支払済みまで、年14.6％の遅延損害金を請求できますので、注意が必要です。

——**賃金請求の請求原因は何ですか。**

賃金請求の請求原因は、①労働契約の締結（変更前の賃金額・締日・支払日を含む）、②請求期間に対応する労働義務の履行です。

退職手当を除く賃金は、労働基準法115条により、2年の短期消滅時効にかかります。支払日から2年で順次、消滅時効が完成していきます。

## 6　証拠の収集

**──訴訟における立証のため、どのような証拠が必要になりますか。ここでは賃金引下げの問題に限定して検討しましょう。**

就業規則や賃金規程は当然に必要です。労働契約書や労働条件通知書も必要でしょう。Y工業の決算報告書・勘定科目明細書等の財務状況がわかる資料も考えられます。

財務状況の悪化を理由として、賃金を引き下げる以上、過去数年分の決算報告書は必要です。売上・利益の推移、今後の見通しを立証する必要があります。同業他社の給与水準を立証するには、統計資料や同業他社の就業規則・賃金規程があるとよいでしょう。経過措置は、通常、就業規則の附則に記載があります。労働者に対する説明会の議事録や配付資料、過半数代表の意見書も準備することになると思います。

**──使用者側は、自ら保有している証拠が多いようですが、労働者側は必ずしも自ら保有しているわけではなさそうですね。労働者側は、どのようにして証拠を収集しますか。**

証拠の入手はかなり問題であり、使用者が保有する資料は、事前の交渉段階で、使用者に対し、任意

の提出を求めることになります。ただ、特に中小企業に多いのですが、弁護士が代理していない場合には、就業規則の写しすら交付してくれないこともあります。労働者が退職している場合には、元同僚等から、コピーをもらうこともあります。常時10人以上の労働者を使用する使用者は、労働基準監督署に就業規則を届け出ることになっていますので、労働基準監督署で就業規則の写しを取ることも考えられます。これらが難しければ、証拠保全を行うしかないのでしょうね。既に訴訟を提起しているのであれば、文書提出命令を申し立てる方法もあります。

――使用者側が資料を出さないこともあるのでしょうか。

　使用者側に弁護士が代理人として就いていれば、少なくとも就業規則は交付すると思います。決算報告書等の財務資料は、説明会で配付したものを除き、交付しないことが多いと思います。もっとも、会社法上の大会社に当たる株式会社等では、貸借対照表や損益計算書は、ホームページや官報等で公告されていることがありますね。

## 7　判決・和解後の処理

――最後に、本事例で、仮にＸの賃金請求が認められ、判決又は和解に基づき、賃金等を支払う際に、注意すべき点がありますか。

判決に基づき、任意に、賃金等を支払う場合、使用者は源泉所得税や社会保険料等の控除を行う必要があります。和解に基づき賃金を支払う場合も同様です。和解の場合、この点を明確にしておかないと、新たな紛争の火種となることがあります。

# 勝訴への道標

　労働者側弁護士はわからないことだらけの状態からのスタートです。裁判提起前にできるだけ証拠となり得るような資料を入手、精査し、争点になりそうな箇所、こちらに有利な点、不利な点を事前に洗い出すことが重要です。労働組合や協力してくれる従業員がいれば積極的に協力を求めていきましょう。備えあれば憂いなしです。

　就業規則の変更は、不利益の程度、変更の必要性、変更後の就業規則の内容の相当性、労働組合等との交渉の状況等に照らして合理的なものでなければなりません。そのため、使用者側弁護士としては、常日頃から就業規則の変更に関して、上記の視点をもって、合理的なものであるかどうかを見極めた上で、必要に応じて企業に助言をしていくことが必要となると思われます。

# Case8　配　転

　Ｙ社は東京に本社、日本全国に支店・営業所・工場を有する労働者約3000名の大手機械メーカーである。Ｙ社は、定期の人事異動（配転）を決定し、対象労働者に対し、1か月前に内示（面談）を行った。

　Ａ、Ｂ、Ｃは、大卒事務系総合職でＹ社に入社し、一定の勤務経験を有する。Ａらは、これまで、東京本社で部署を異動していたが、今回の人事異動で、Ａは大阪支店、Ｂは広島支店、Ｃは福岡支店に転勤することが内示された。Ａらの職務内容は、転勤前後で変わりはない。Ｙ社は、単身赴任者に対し、月5万円の単身赴任手当を支給し、また、希望者に対し、社員寮への入寮をさせている。内示に対し、Ａらは、次のとおり、個人的な事情（理由）を述べて、勤務地を変更する人事異動に対し、異議を述べた。

　Ａ：東京の自宅では、元気だが高齢の両親（いずれも80歳）、働いている妻（38歳）、2人の子（5歳、3歳）と同居している。育児は、私と妻と両親が協力して分担している。大阪支店に転勤になると、単身赴任になり、育児を分担できない。ただ、私がいなくても、従前どおり、他の家族で協力して、保育所の送り迎え等子2人の育児は、何とか可能である。

　Ｂ：妻が病弱で入退院を繰り返しており、看病等を必要とする状態である。私一人で高齢の両親の介護もしている。広島支店に転勤になると、妻の看病や両親の介護をしてくれる人はいない。このような状態の妻や両親を広島に連れて行くこともできない。

Ｃ：私はバセドウ病（甲状腺の病気）に罹患している。これまで仕事は何とかこなしているが、東京から遠く離れた福岡支店に転勤したら、バセドウ病が悪化するのではないかと不安である。ただ、Ｙ社の産業医は、職務内容はハードではなく、バセドウ病に罹患していても、従前どおり、業務遂行が可能と診断している。

　Ｙ社において従業員に周知された就業規則には、以下の条項がある。

　（人事異動）
　第８条　会社は、業務上必要がある場合に、従業員に対して就業する場所及び従事する業務の変更を命ずることがある。
　　２　前項の場合には、従業員は正当な理由なくこれを拒むことはできない。

【設問】
1　Ｙ社は、従前、単身赴任等も頻繁に行われているので、人事の公平を考え、Ａらに対し、内示どおり人事異動（配転）を命じたいと考えている。Ｙ社は、Ａらに対し、有効に配転を命ずることができるのか。Ａらは、配転命令に従う義務があるのか。

2(1)　Ａについて、配転前、高齢の両親は、育児を分担していなかったが、配転後は、両親に育児を分担してもらわざるを得なくなった場合はどうか。

(2)　Ｃについて、配転により、従前の職務内容では、病気が悪化するおそれがあるが、比較的軽易な職務内容に変更すれば、何ら病気が悪化するおそれのない場合はどうか。

## 1　導　入

――**本事例は、配転命令に関するリーディングケースとされる東亜ペイント事件（最二小判昭和61年7月14日集民148号281頁・判時1198号149頁）を参考にしつつ、配転命令の有効性を検討するものです。まず、配転とは何ですか。**

> 配転は、労働者の職種・職務内容又は勤務地を、同一企業内で、長期間にわたり、変更することです。職務・職種の変更が「配置転換」、勤務地の変更が「転勤」と呼ばれます。

――**本事例では、まず、配転命令権の根拠を検討し、次に、配転命令権の濫用を検討します。**

## 2　配転命令権の根拠

――**配転命令は、使用者から労働者に対する業務命令としてなされます。使用者の配転命令権の根拠は何ですか。**

> 学説上、包括的合意説と契約説が有力です。判例（東亜ペイント事件・前掲最二小判昭和61年7月14日）がいずれの立場かは不明ですが、労働協約及び就業規則の配転条項の存在に加え、頻繁な転勤の存在、勤務地限定の合意の不存在等を認定し、使用者に広範な配転命令権を認めています。通常、就業規

則に配転条項がありますので、実務上は、いずれの立場でも、使用者に配転命令権が認められます。

## 3 配転命令権の限界

### (1) 職種・勤務地の限定の合意

**――就業規則に配転条項がある場合、全ての労働者に配転を命令できますか。**

　労働者と使用者の間で、職種又は勤務地を限定する合意がある場合、当該合意は、就業規則の配転条項に優先します（労働契約法7条、12条／就業規則の最低基準効と有利原則の許容）。当該労働者との関係では、使用者は、当該合意の範囲を超えて、一方的に配転を命令できません。当該合意の範囲を超える配転には、当該労働者との個別の合意が必要です（労働契約法8条）。

**――職種又は勤務地を限定する合意は、書面で行う必要がありますか。**

　合意自体は、必ずしも書面に限られず、口頭での合意でも構いません。また、明示の合意でなくても、採用時又は採用後の労使間の交渉過程等から黙示の合意が認められる場合もあります。もっとも、合意を証明するには、書面で行うのが確実です。労働契約法4条2項も労働契約の内容をできる限り書面により確認するよう求めています。

――黙示の合意はいかなる場合に認められますか。

　職種限定の合意は、専門的な資格や知識・技能を必要とする職種、例えば、医師、看護師、薬剤師、大学の教員等では、認められやすいでしょう。

　勤務地限定の合意は、現地採用者やパートタイム労働者では、認められやすいでしょう。

――我が国の雇用慣行・採用慣行である、大学新卒一括定期採用の方法で採用された一般正社員でも、職種又は勤務地を限定する合意は認められますか。

　一般正社員に対しては、就業規則の配転条項に基づき、広範な配転命令権が認められます。明示の合意がある場合はともかく、黙示の合意は認められにくいでしょう。日産村山工場事件（最一小判平成元年12月7日労判554号6頁）では、十数年から二十数年間「機械工」として就労した労働者を、単純工である「組立工」に配転させた事案につき、職種限定の合意を否定した原判決が維持されています。その後も、九州朝日放送事件（最一小判平成10年9月10日労判757号20頁）では、24年間アナウンサーとして就労した労働者を、他の業務に配転させた事案につき、職種限定の合意を否定した原判決が維持されています。裁判実務上、黙示の合意が認められるケースは少ないと思います。

――職種又は勤務地を限定する合意の存否は、労働契約の解釈の問題と言えま

す。**本事例では、Y社は、配転命令権を有しますか。**

　Y社には、就業規則に配転条項が存在し、日本全国に支店・営業所・工場を有し、定期的に人事異動をしていますので、Y社は、配転命令権を有します。

　なお、配転命令は、単なる事実行為ではなく、Aらの労働契約の内容を決定・変更する形成権と考えられます（よみうり事件・名古屋高判平成7年8月23日労判689号68頁）。

――**職種又は勤務地を限定する合意はありますか。**

　Aらは、入社以来、東京本社に勤務しています。しかし、①Y社は日本全国に事業場を有する労働者約3000名の大手機械メーカーであること、②Aらは大卒事務系総合職で入社したこと、③Aらは専門的な資格や知識・技能を必要とする職種ではないことから、職種又は勤務地を限定する合意があるとは言えません。

　本事例では、職種又は勤務地を限定する合意は認められる可能性は少ないと言わざるを得ません。この点を主たる争点と設定して争うのは得策ではありません。

(2)　配転命令権の濫用（労働契約法3条5項）

――**職種又は勤務地を限定する合意が存在せず、就業規則に配転条項がある場**

合、使用者の配転命令権に制限はないのでしょうか。

　配転命令は、権利濫用に当たるときは、無効になります（人事権の濫用。労働契約法3条5項）。判例は、東亜ペイント事件（前掲最二小判昭和61年7月14日）において、①業務上の必要性がない場合、②業務上の必要性があっても不当な動機・目的がある場合、③業務上の必要性があっても、労働者に通常甘受すべき程度を著しく超える不利益を負わせる場合には、当該配転命令は権利濫用となるとしています。

　ア　業務上の必要性

——東亜ペイント事件の三つの判断基準について、まず、業務上の必要性はどのように判断されますか。

　東亜ペイント事件の最高裁判決は、業務上の必要性について、異動が「余人をもつては容易に替え難い」といった高度の必要性に限定することは相当ではないとしています。その上で、労働力の適正配置、業務の能率増進、労働者の能力開発、勤務意欲の高揚、業務運営の円滑化など、企業の合理的運営に寄与する点が認められる限りは、業務上の必要性の存在を肯定すべきとし、使用者の人事権を尊重する判断をしています。欠員補充、余剰人員の再配置、定期異動等も、特段の事情がない限り、業務上の必要

性が認められます。

イ　不当な動機・目的

——**不当な動機・目的はどのように判断されますか。**

退職勧奨を拒否した労働者を退職に追い込む目的（フジシール事件・大阪地判平成12年8月28日労判793号13頁。プロクター・アンド・ギャンブル・ファー・イースト・インク事件・神戸地判平成16年8月31日判タ1179号221頁）や、会社方針に反対する活動を行ってきた労働者を嫌悪した動機（朝日火災海上保険（木更津営業所）事件・東京地決平成4年6月23日判時1439号151頁）がある場合、不当な動機・目的が認められます。

——**なお、配転が、不当労働行為（労働組合法7条）、差別的取扱い（労働基準法3条、雇用機会均等法6条、パートタイム労働法8条1項）、不利益取扱い（公益通報者保護法5条、雇用機会均等法9条3項）等に当たる場合、強行法規違反として無効になります。**

ウ　労働者の不利益

——**労働者が通常甘受すべき程度を著しく超える不利益はどのように判断されますか。**

不利益の内容には、職業上の不利益のみならず、私生活上の不利益も含みます。東亜ペイント事件の判断基準は、文言上は、必ずしも業務上の必要性と

労働者の不利益とを比較衡量するものではありません。しかし、学説上は、両者を比較衡量する見解が通説であり、実務上も有力です。

裁判例では、単身赴任や通勤の長時間化は、労働者が通常甘受すべき不利益と判断される傾向があります（単身赴任につき、東亜ペイント事件。通勤の長時間化につき、ケンウッド事件・最三小判平成12年1月28日集民196号285頁・判時1705号162頁）。一方、労働者の病気や家族の病気・介護といった事情がある場合、通常甘受すべき程度を著しく超える不利益と判断される傾向があります（子の重症のアトピー性皮膚炎の事案について、明治図書出版事件・東京地決平成14年12月27日労判861号69頁。配偶者の精神病の事案・母の介護の事案につき、ネスレ日本事件・大阪高判平成18年4月14日労判915号60頁）。

平成13年に改正された育児介護休業法26条は、労働者の子の養育又は家族の介護の状況について、使用者に配慮義務を定めています。また、労働契約法3条3項は、仕事の生活の調和（ワークライフバランス）への配慮を労働契約の原則として規定しています。今後は、これらの配慮を欠く場合には、通常甘受すべき程度を著しく超える不利益が認められる

ようになるとも考えられます。

　帝国臓器製薬事件（最二小判平成11年9月17日労判768号16頁）では、使用者の配慮も考慮して、単身赴任について、通常甘受すべき不利益と認定されています。使用者としては、単身赴任の場合には、住居手当の支給、社員寮への入寮、配偶者への就職あっせん等、労働者の不利益に配慮することにより、労働者の不利益を軽減するのが望ましいと言えます。

(3) 本事例の検討
　　ア　業務上の必要性、不当な動機・目的
――**本事例では、配転に、①業務上の必要性、②不当な動機・目的はありますか。**

　本事例の配転は、定期的な人事異動として、労働者間の人事の公平も考えて行われたものです。したがって、配転に、業務上の必要性があり、不当な動機・目的はありません。

　業務上の必要性のうち、人選の妥当性については、各労働者の具体的事情によっては疑問が生じ得ますが、一応、業務上の必要性が全くないとは言えません。現状では、不当な動機・目的の存在をうかがわせる事情もありません。

――そうすると、本事例の争点は、③労働者に対し通常甘受すべき程度を著しく超える不利益があるかどうかになりますね。

　　イ　Bの不利益（家族の看病・介護）
――まず、Bの不利益はどう考えますか。

　妻が病弱で看病を必要とし、高齢の両親もBの介護を必要としています。広島支店に転勤になると、妻の看病や両親の介護をしてくれる人はいないため、妻や両親を広島に連れて行くこともできません。Bの転勤により、家庭の生活が破壊されることは明らかです。かかる事情からは、単身赴任手当の支給や社員寮への入寮では、十分な配慮となりません。したがって、Bの不利益は、通常甘受すべき程度を著しく超えると言えます。

　使用者としても、Bには配転を命ずるべきではないでしょう。労働者の病気や家族の病気・介護といった事情がある場合には、配転には慎重になるべきです。

――Bの不利益は、労使で結論に差異はないようですね。裁判実務でも、通常甘受すべき程度を著しく超えると判断されると思われます。

　　ウ　Aの不利益（単身赴任・育児の分担）
――次にAの不利益はどう考えますか。

　他の家族で協力して、子の育児は可能です。両親

は、高齢ですが、元気であって、Bの事案とは異なり、介護は必要としません。したがって、Aの不利益は、通常甘受すべきものです。裁判例でも、子の育児の支障は、通常甘受すべきものと判断される傾向があります（ケンウッド事件）。

東亜ペイント事件やケンウッド事件からすると、Aの不利益は、通常甘受すべきものと判断される可能性があります。しかし、育児介護休業法26条の趣旨や労働契約法3条3項からすると、Aの単身赴任により、育児の分担ができなくなり、他の家族は何とか育児をやりくりする状態に追い詰められます。Aの両親は、80歳と高齢で、平均寿命が80歳前後であることから、突然、健康状態が悪化したり、介護が必要な状況になったりするリスクは高いと言えます。Aの不利益は、通常甘受すべき程度を著しく超えるというべきです。

他の家族で協力して、子の育児は可能ですし、両親は元気で介護の必要はありませんので、転勤により、育児又は家族の介護が困難となるとは言えません。Y社は、単身赴任手当の支給と社員寮への入寮という配慮をしています。Y社は、Aの家庭生活に十分な配慮をしていますので、育児介護休業法26条

の趣旨や労働契約法3条3項等の趣旨を考慮しても、Aの不利益は、通常甘受すべきものです。帝国臓器製薬事件も同様の判断をしています。

育児介護休業法は、育児介護のための勤務時間の短縮等の措置を講ずるよう定め（同法23条、24条）、育児介護に対する労働者の関与を促しています。使用者の配慮は、労働者の育児介護への関与を確保する意味でも理解されるべきです。育児を分担できないというAの不利益は、単身赴任手当の支給や社員寮への入寮など経済的な負担を軽減するだけで解消されません。

また、不利益の有無も、一時的な状況に基づき判断するのではなく、数年単位の中長期的視点から判断されるべきです。Aの場合には、例えば、配転に期限を付けたり、親の健康状態が悪化した場合には、東京近郊の勤務地に再配転することを条件にするなどの配慮が必要というべきです。

――Bと異なり、Aについては、労使にかなり争いがありますね。労働者側としては、育児介護休業法26条や労働契約法3条3項（ワークライフバランス）を引用し、ワークライフバランスへの配慮不足を主張することになるでしょうか。ただ、従来の裁判例の傾向からすると、Aには、看病や介護が必要な家族がいるわけではありませんので、Aの不利益は、通常甘受すべき程度を著しく超えるとは判断されない可能性が高いかもしれません。

**設問2のように、Aについて、配転により、育児を分担していなかった高齢の両親に育児を分担してもらう必要がある場合はどう考えますか。**

設問1の場合よりも、配転はAの家庭の生活に与える負担や影響が大きいと言えます。高齢の両親の協力がなければ、Aの家庭生活が成り立ちません。このような配転は、業務上の必要性（人選の合理性）にも疑いが生じますし、ワークライフバランスの理念に反し、Aの不利益は、通常甘受すべき程度を著しく超えるというべきです。

両親は、元気であり、Aら家族と同居しています。両親が育児の一部を分担するのは困難ではなさそうです。共働き夫婦について、両親に育児の一部を分担してもらうことは、一般にも見られます。Aに育児のために過度の負担が生ずるとまでは言えず、育児介護休業法26条の趣旨にも反しません。この場合でも、Aの不利益は、通常甘受すべきものというべきです。

エ　Cの不利益（労働者の病気）

――Cは、A・Bとは異なり、家族の事情ではなく、自らの事情を述べています。

病気のCを配転させる必要性には疑問があり、人選の合理性がなく、業務上の必要性もないと考えます。また、安全（健康）配慮義務（労働契約法5条）

> の観点からは、Y社は、配転の影響について、産業医だけではなく、Cの主治医からも意見を聴取するべきです。Cの不利益としては、信頼関係を構築してきた主治医による治療機会の喪失も考慮されるべきです（精神障害の事案につき、損害保険リサーチ事件・旭川地判平成6年5月10日判夕874号187頁）。このような配慮がない以上、Cの不利益は、通常甘受すべき程度を著しく超えるというべきです。

Cは仕事をこなしていること、産業医は職務内容から、従前通り、業務遂行が可能と診断していること、病状悪化に対する不安感は主観的なものであること（医学的な根拠がないこと）から、本事例を前提とすれば、Cの不利益は、通常甘受すべき程度を著しく超えるとまでは言えないように思います。

しかし、結果として、配転後に病状が悪化してしまうと、Y社は安全（健康）配慮義務違反を主張されるリスクがあります。Y社としては、Cの病状に対する配慮のみならず、紛争予防の観点からも、配転の要否は慎重に判断する必要があります。

――では、設問2のように、配転により、従前の職務内容では、病気が悪化するおそれがあるが、比較的軽易な職務内容に変更すれば、何ら病気が悪化するおそれのない場合はどうですか。

業務上の必要性については、職務内容を変更してまで、病気のＣを配転する必要があるのか、設問1以上に疑問があります。また、不利益については、職務内容の変更により、従前の職務経験を活かすことができるのか、キャリア形成・展開に関するＣの期待に配慮しているのかが疑問です。Ｃの不利益は、通常甘受すべき程度を著しく超えると言えます。仮にこの職務内容の変更に伴い、賃金の減額や降格が行われる場合、Ｃの不利益はより大きくなりますので、就業規則の根拠と業務上の高度の必要性がなければならないというべきです。

賃金の減額や降格を伴う場合、Ｃの不利益が大きくなるのは確かです。Ｙ社としては、配転の要否・合理性をより一層慎重に判断する必要があります。配転を命ずる場合には、Ｃに十分な説明を行い、配転に理解を求めるべきでしょう。

## 4 訴 訟

**――最後に、労働者が訴訟を提起する場合、いかなる請求になりますか。**

典型的には、労働契約に基づく新部署での就労義務の不存在確認請求が考えられます。不法行為に基づく慰謝料請求を併合することも考えられます。

──ここでは、労働契約に基づく新部署での就労義務の不存在確認請求を考えることにしましょう。請求の趣旨はどのような記載になりますか。

「原告は、被告に対し、原告が被告○○支店（新部署）において就労する労働契約上の義務がないことを確認する。」となります。配転命令の無効確認は、過去の法律行為の効力の確認として、確認の利益が認められないとされています。また、旧部署で就労する地位の確認も、判例上、就労請求権が認められないこともあり、特段の事情がない限り、確認の利益がないとされています。

──要件事実はどう整理されますか。

請求原因は、①「労働契約の成立」と②「使用者による配転先での就労義務の主張」（確認の利益）です。「使用者による配転先での就労義務の主張」は、「配転命令」を主張します。本来、「配転命令」は、使用者の抗弁ですが、請求原因として主張するのが一般的かと思われます。そのため、再抗弁である、配転命令の無効、すなわち、③「職種・勤務地限定の合意」、④「配転命令権濫用の評価根拠事実」、又は⑤「強行法規違反」も併せて主張することが多いでしょう。

使用者の抗弁は、①「配転命令の根拠」（就業規則）

と②「配転命令」です。再々抗弁は、③「配転命令権濫用の評価障害事実」です。

――訴訟提起時に準備すべき証拠は何ですか。

「労働契約の成立」について、労働契約書、労働条件通知書、「配転命令」について、辞令書を準備します。「配転命令の根拠」を確認するために、事前に就業規則も入手しておくべきでしょう。

# 勝訴への道標

　配転命令により労働者がどのような不利益を被るのか、という点の主張立証が最も重要なポイントになります。プライバシーの観点も指摘されるところではありますが、育児介護休業法26条や労働契約法3条3項（ワークライフバランス）の規定や趣旨を活かすためにも、労働者の家庭内の事情等、私生活上の不利益についても、可能な限り具体的に主張立証する必要があるでしょう。

　使用者側としては、第1回期日から、裁判官に有利な心証を持ってもらうのが大切です。答弁書において、東亜ペイント事件の判断基準を引用し、業務上の必要性・労働者の不利益の程度・不利益の軽減措置等を主張・立証し、積極的に配転命令の有効性を主張していくべきでしょう。

# Case9 パワハラ

　Xは、平成21年4月1日、工作機械を製造・販売するY社に入社し、広島本社の営業本部に配属され、営業係長として、主に工作機械全般の営業を担当した。

　Xは、平成21年5月11日、上司で営業部次長Aを含めた5人で東京支店に出張した。しかし、Xは、新製品の営業用パンフレットを東京支店に事前に送付することを忘れていた。Aの機転により航空便で営業用パンフレットを取り寄せ、事なきを得た。同日午後9時頃、Xの重大なミスもあったので、反省会を兼ねて5人で居酒屋に出かけた。Aは、酒の飲めない体質であるXに、しつこくビールを勧め、断りきれなくなったXは、飲酒に応じ、気分が悪くなってトイレに駆け込んだ。宿泊先のホテルでも、チーム5人は、2次会ということでAの部屋に集まった。Xは、Aから飲酒に付き合うよう言われ、飲酒した。平成21年5月13日と14日、Xは平常どおり出社したが、同月15日以降、欠勤し、大学病院を受診した。同月23日、「急性肝障害」との検査結果が通知されたため、Xは、Aにメールで報告し、以降同月28日から6月16日まで欠勤した。なお、Aは、5月16日と29日に、Xの体調を気遣ったり、復帰後の仕事量に配慮を示すメールを送ったりした。この間、Xは大学病院の精神神経科を受診し、精神安定剤の処方を受け、6月9日、Aにその旨を連絡した。Xは、同月17日、職場に復帰した。

　Y社では指揮命令系統が乱れるとして営業担当の労働者の直行直

帰を原則として禁止していた。しかし、平成21年7月1日、Aから一旦帰社するよう指示されていたにもかかわらず、Xは、直帰するというメモを残し、帰宅していた。Aは、パソコンからメールで、XにY社に戻るよう指示した。Xは、自宅付近まで来ているとして、Y社に戻ることを拒否した。Aは、同日午後11時前、携帯電話からXにメールを送るとともに、二度にわたって電話をかけ、留守番電話に「早く帰れていいご身分ですね。私なんかそんな時間に帰ったことは一度もないので、うらやましい限りです。一体何様のつもりだ。」と伝言を入れた。なお、Aは、7月4日、上記メール及び電話について、Xに謝罪した。

　Xは、平成21年8月23日から29日まで、重要な取引のためアメリカ出張を予定し、Aからあらかじめ打合せを求められていた。しかし、Xが、打合せの日程調整について、Aの要求を拒否したため、準備時間が足りず、不十分な内容の企画書で取引に臨まざるを得なくなった。Aは、Xの対応に憤り、同月15日午後11時前頃、Xに携帯電話をかけ、留守番電話に、「出ろよ！　ちぇっ、ちぇっ、ぶっ殺すぞ、お前！　お前何やってるんだ！　お前、辞めていいよ。辞めろ！　辞表を出せ！　ぶっ殺すぞ、お前！」と伝言を入れた。Xは、同月21日、営業本部長Dに、留守番電話を聞いてもらった。Dは、同月25日、留守番電話の件を踏まえて、AとXとの指揮命令関係を解消し、Xを別の上司の指揮命令下に置いた。しかし、Xの席は、その後5か月間、Aの隣のままであった。

　平成22年1月、Xが無断で業界誌への広告出稿を進めていたこと、人事部長Eらに虚偽の回答をしていたことが発覚した。Y社は、Xを営業から外して総務部に配置転換し、500万円の年俸を450万円

に減額することを決定し、Xと面談の上、配置転換と年俸の減額について、Xの同意を得た。

　平成22年3月25日以降、Xは、有給休暇を取得し、その後、Y社に対し、しばらく休ませてほしいと申し出て、「適応障害にて通院中である。平成22年4月1日より1か月半程度の自宅療養を認める。」との4月3日付けの診断書を提出した。しかし、Xは、それ以上に詳しい病状報告は行わなかった。同月21日、Xは、人事部長Eに対し、同月23日午前8時から面談に応ずる旨を約束した。しかし、同月23日、Eが出社すると、Xから体調が悪いので退社したとのメールが送信されていた。Eは、同日、Xに対し、やむなく、就業規則に従い90日間の休職とする旨のメールを送信し、休職を命じた。Y社は、休職期間満了の約3週間前の6月30日に、休職期間満了予告通知を送付し、同通知を送付した旨のメールを送信した。同メールでは、休職期間内に復職願を出すと職場復帰となるが、休職期間内に復職届を提出しないと退職となることも注意喚起していた。Xは、7月7日、メールで謝意等を返答した。その後、同月13日、Xは、労災認定に向け、労働基準監督署と相談していることを連絡したが、復職願は提出せず、休職期間が満了し、就業規則に基づき、自然退職となった。

　Xは、休職期間が満了した後も、体調が悪く、外出ができず、体調が回復した後、平成25年3月27日、自らのパワハラ被害について、弁護士に相談した。

## 1　導入（パワハラの定義）

**──本事例は、ザ・ウィンザー・ホテルズインターナショナル（自然退職）事件（東京高判平成25年2月27日労判1072号5頁、東京地判平成24年3月9日労判1050号68頁）をアレンジしたものです。本事例では、Xが、上司からパワハラを受けたと主張しています。はじめにパワハラとは何かを確認したいと思います。**

　法律上、パワハラの定義はありません。厚生労働省が設置した「職場のいじめ・嫌がらせ問題に関する円卓会議ワーキング・グループ」の報告（平成24年1月30日）によれば、「同じ職場で働く者に対して、職務上の地位や人間関係などの職場内の優位性を背景に、業務の適正の範囲を超えて、精神的・身体的苦痛を与える又は職場環境を悪化させる行為」とされています。具体的には、次の6類型が挙げられています。

　① 暴行・傷害（身体的な攻撃）
　② 脅迫・名誉毀損・侮辱・ひどい暴言（精神的な攻撃）
　③ 隔離・仲間外し・無視（人間関係からの切り離し）
　④ 業務上明らかに不要なことや遂行不可能なことの強制、仕事の妨害（過大な要求）
　⑤ 業務上の合理性なく、能力や経験とかけ離れ

た程度の低い仕事を命ずることや仕事を与えないこと（過小な要求）
⑥　私的なことに過度に立ち入ること（個の侵害）

　損保ジャパン調査サービス事件（東京地判平成20年10月21日労経速2029号11頁）によれば、不法行為となるパワハラについて、「組織・上司が職務権限を使って、職務とは関係のない事項あるいは職務上であっても適正な範囲を超えて、部下に対し、有形無形に継続的な圧力を加え、受ける側がそれを精神的負担と感じたときに成立するもの」と一応の定義がされています。

**――パワハラは、行政や裁判例により、明確かつ適切に定義されていると言えるでしょうか。**

　報告はワーキング・グループのものですし、裁判例も個別の事件におけるものにすぎません。これらが一般的な定義とは言えないでしょう。裁判では、労働者の言動が不法行為に当たるかどうかが問題になりますが、パワハラを定義しなければ、不法行為の有無が判断できないわけではありません。報告のパワハラの定義も、裁判所の違法性判断と必ずしも同じではありません。

実際上の問題として、上司の行為が適正な指導・教育なのか、パワハラになるのか、非常に微妙な場合もあります。コンプライアンスの観点からは、報告の定義・類型は有用と思われます。

## 2　パワハラ相談の注意点

**——本事例において、労働者側弁護士としては、相談を受けるに当たり、どのようなことに注意するのでしょうか。**

　パワハラの定義は確定していませんし、ワーキング・グループ報告の定義に該当すれば、直ちに不法行為になるとも言えません。パワハラというのは、相談者の主観的評価である場合も多く、必ずしも客観的な事実ではない場合や不法行為とまでは言えない場合があります。労働者から相談を受けた弁護士としては、相談者が、パワハラであると感じている事実は何かを念入りに聴く必要があります。まずは、いつ、どこで、どういう行為があったかを聴く必要があります。併せて、企業の規模や業種、パワハラの行為者と相談者の職場における関係性、パワハラが行われた前後の事情や一連の経緯、行為の内容やニュアンス等も重要です。これらの点を含めて丹念に聴取りを行う必要があります。

**——その他に注意すべき点がありますか。**

本事例では、相談者は、適応障害等の精神疾患にかかっています。相談者を責めるような質問や発言は控え、相談者の精神状態に十分配慮する必要があります。例えば、「怒鳴られるあなたのほうにも原因がある」などの相談者を責めるような発言は避けるべきです。

　本事例とは異なり、相談者が、医師にかかってはいないが精神的に大きな問題を抱えている場合には、医師や心理カウンセラー等にも相談するように勧めるほうがよいかもしれません。裁判になった場合、医師の診断書や診療録は、不法行為の証拠になり得ます。また、休職期間満了による自然退職の効力を争う場合や労災保険給付を請求する場合等でも重要な証拠となります。

――**本事例は、労働者であるＸが、パワハラ被害を訴えているケースですが、使用者側から、労働者の一人がパワハラ被害を訴えていると相談を受けた場合、弁護士としては、どのように対応すればよいのでしょうか。**

　使用者は、パワハラについて、不法行為の使用者責任を負う可能性があること、職場環境配慮義務違反による債務不履行責任を負う可能性があることを説明します。相談を受ける際、事実の確認が最も重要です。速やかに関係者から事情を聴取してもらい、本当にＸが主張する事実があるか否かを確認す

る必要があります。事情聴取の際には、XとA次長が顔を合わせないようにする配慮も必要です。

**――他にも注意すべき点はありますか。**

使用者側は、事情聴取の段階では、パワハラの加害者とされるA次長が実際にパワハラを行ったかどうかはわかりません。被害者側の言い分を鵜呑みにして、事情を聴取することは危険です。パワハラと認定する十分な証拠がないにもかかわらず、A次長を懲戒処分したりすると、Y社はA次長から懲戒処分の無効確認や損害賠償を求めて訴えられる可能性もあります。

**――人間関係が密で被害を訴える労働者と上司又は使用者との感情的な対立が激しいケースでは、使用者側はどのように対処すればよいでしょうか。**

中小企業の場合、そもそも自らの行為がパワハラになるという自覚がないことも間々あります。弁護士に相談に来るのは、弁護士が労働者の代理人に就いたり、労働組合が団体交渉を申し入れたり、場合によっては訴訟になった後のことが多いと思います。感情的な対立が激しい場合、事実の聴取が難しい場合もありますが、できる限り関係者から事情を確認し、事実を認定するほかないと思います。

――通常の指揮命令権の行使や教育・指導との区別を考えると、パワハラとは何かということは非常に難しいのですが、とりあえずここでは「上司等が同じ職場で働く者に対して、職務上の地位・権限・優位性を背景に、業務の適正な範囲を超えて、精神的・身体的苦痛を与える又は職場環境を悪化させる行為」と定義することにしましょう。次の3点が重要なポイントです。

① 職務上の地位・権限・優位性の存在
② 当該行為が、業務の適正な範囲、つまり、社会通念上許容される範囲を超えていること
③ 被害者の人格権等の侵害や職場環境の悪化（又は被害者が快適な職場環境で働く利益）の存在

**使用者による調査の結果、このようなパワハラの存在が確認された場合、使用者はどのように対処しますか。**

　パワハラの存在が確認された場合、使用者としては、被害者の職場環境を整える必要があります。加害者による謝罪の要否、加害者又は被害者の配置転換、加害者の懲戒処分、再発防止策について、それぞれ検討する必要があります。

**――被害者と加害者の言い分が食い違うなど、パワハラの存否を確定できない場合はどう対処しますか。**

　パワハラの存否を確定できない以上、使用者としては、パワハラの存在を前提とした前述のような対応はできません。パワハラの存在を認定する場合、使用者は、裁判になっても、パワハラの存在を証明

> できるだけの証拠を揃えておく必要があります。行為者がパワハラの存在を否定している場合等には、配置転換や懲戒処分に対して、行為者から、その無効を主張し、損害賠償を請求する訴訟を提起されるおそれがあります。ただし、パワハラの存在が認定できない場合でも、被害者の申出に配慮し、職場環境を良好に保つため、被害者の希望を聴いた上で、被害者の配置転換等の措置を検討することはあり得ると思います。

――配置転換の話が出ましたが、中小企業の場合等のように、加害者の職場と被害者の職場とを分けることが難しい場合、どのように対処したらよいでしょうか。

> 職場を分ける配置転換が難しい場合、被害者と加害者の机を物理的に離れた位置にするなど、できる範囲で配慮するべきでしょう。本件でも、Y社がXをAの指揮命令下から外した後も、5か月にわたりAの隣の席に配置していたのは問題とされる可能性があります。

## 3　請求権の法的構成

――裁判等の法的措置により損害賠償を請求する場合、労働者側は、どのような請求を起こすのでしょうか。

加害者Aの行為が民法709条の不法行為に該当するとして、加害者Aに対して、不法行為に基づく損害賠償を請求することが考えられます。併せて、Y社に対し、民法715条の使用者責任に基づく損害賠償を請求することが考えられます。

　また、Y社に労働契約の付随義務である職場環境配慮義務の懈怠があるとして、Y社に対し、民法415条の債務不履行に基づく損害賠償を請求することが考えられます。Xがメンタルヘルスを損なうなどの状態に至っていれば、安全配慮義務が問題となります。なお、安全配慮義務は、労働契約法5条が定めています。

**――不法行為構成と債務不履行構成では何か違いがあるのでしょうか。**

　主張立証の点については、理論上はさておき、債務不履行構成でも被害者が債務内容を特定することが求められる結果、実際にはあまり違いはないと思います。しかし、消滅時効の期間で大きな違いがあります。不法行為構成の場合には、時効は、「損害及び加害者を知ってから」3年ですが、債務不履行構成の場合には、「権利を行使することができる時」から10年です。本事例では、あと少しで、3年経ってしまいます（相談時：平成25年3月時点）ので、早急に提訴する必要があるでしょう。また、遅延損

害金の発生時期も、異なります。債務不履行構成では、請求の翌日から発生しますが、不法行為構成では、不法行為日から発生します。なお、債務不履行構成では、被害者が自殺した場合等には、遺族固有の慰謝料が認められないとされています。

――本事例では、パワハラが行われたのは、平成22年5月から8月です。この場合は、不法行為に基づく請求は、平成25年8月までに提訴すればよいのでしょうか。

パワハラを職務に関連する一連の行為からなる継続的不法行為と見れば、それでもよいことになりますが、Aの個々の行為がそれぞれ別個の不法行為を構成すると裁判所が判断する可能性も十分にあります。できれば、平成25年5月までに、提訴するほうがよいでしょう。

――Xの主張に対し、Y社はどのように反論していくのでしょうか。

Y社としては、職場環境の配慮義務違反がないことを主張します。例えば、Y社のAに対する監督・研修の状況やAの行為の経緯を主張することになるでしょう。Y社に予見可能性があるかどうかも、主張することになるでしょう。

また、Y社としては、Aの行為と使用者の対応を個別に検討します。Aの行為を一括りにパワハラと

されることは避けたいところです。個別のAの行為の原因、各行為の期間、その間の両者の関係等を説明し、個別の行為であることを主張します。個別の行為であることを説明できれば、一部の行為が、時効となったり、損害額の算定上考慮されなくなる可能性があります。

——**本事例で、Xが復職を希望する場合、どのような請求を行いますか。**

Xの自然退職が事実上の解雇に当たり、退職は無効であると主張して、労働契約法16条を類推適用し、労働契約上の地位の確認を求めます。また、適応障害を労働災害であると主張して、業務上の傷病による休業期間中の解雇禁止を定めた労働基準法19条を根拠に、同様の主張をすることが考えられます。

併せて、Xの雇用が継続していたのであれば、支払われるべきであった賃金を請求します。ただし、請求できる賃金は、労働基準法115条により2年の時効がありますので、過去2年分に限って請求することになります。

——**Y社は、Xの地位確認の請求に対し、どのような反論をするのでしょうか。**

Y社としては、私傷病を理由とする休職が期間満了を迎えたので、就業規則に基づき適法な自然退職であったと主張することになります。したがって、

退職後の賃金請求にも応じないことになります。

## 4　証拠の収集・検討

**――Xが法的手続を進めるに当たり、証拠を収集する必要があると思いますが、本事例では、どのような証拠が考えられますか。**

　Aのパワハラの立証に関しては、通常、Xがはっきりと覚えていても、客観的な資料はないことが少なくありません。しかし、本事例では、XとAのやり取りのメールが存在し、平成21年8月のAの発言は、留守番電話に録音されていると考えられます。これらの証拠は、Aのパワハラを立証する証拠になります。

**――メールや留守番電話の録音が残っていない場合には、どうすればよいのでしょうか。**

　客観的な資料がない場合、Aのパワハラの立証はかなり難しくなると思います。Xの当時の日記、手帳、メモ等も証拠になり得ます。ボイスレコーダー等で録音していれば、重要な証拠になります。Xが、パワハラの悩みを家族や恋人、友人に打ち明けていた場合、家族等とのメールのやり取りの中に何か残っているかもしれません。残っていなかったとしても、家族等が相談を受けた内容を陳述書にしたり、

証人として供述してもらう方法があると思います。

――**本事例とは異なり、XがいまだY社に勤めており、パワハラ被害も続いている場合には、証拠収集はどうするのでしょうか。**

　XがY社に勤めている場合には、証拠は集めやすいと思います。ボイスレコーダーを常に持っていてもらい、問題となる発言があれば、それを録音しておく方法があります。また、職場のパソコンにパワハラに関係するメール等があれば、プリントアウトしておく方法もあります。

――**Xの上記行為について、Y社としてはどのように考えますか。**

　ボイスレコーダーの使用は、プライバシー侵害に当たるとともに、Y社内の信頼関係を破壊します。メール等のプリントアウトはパソコンの私的利用に当たり、用紙等もY社の物品の無断持出しに当たります。Y社としてはXの行為自体を企業秩序違反として問題とすることになります。

　Xの行為は、パワハラ被害者の権利を防衛するための正当行為として許されると考えます。

　本来的には、Y社の占有するものを持っていかれると、窃盗罪が成立する場合がありますが、Y社と

> しては、持出しを禁止するという主張しかできないでしょう。持出しの態様がよほどひどい場合やパワハラと関係のない秘密情報を持ち出した場合でもなければ、Y社から、違法収集証拠とは主張しないのが実情と思われます。

――使用者からの物の持出しについては、個別具体的な話になり、なかなか複雑ですので、とりあえずここまでにしましょう。これまで、パワハラの立証の話を聞きましたが、Xの損害は、どのように立証していきますか。

> Xは、適応障害のため通院していますから、カルテや診断書で、Xの精神的な損害を立証します。

――診断書には、症状が書いてありますが、その症状が、パワハラに由来しているのかどうか、つまり、パワハラと精神疾患の発症に因果関係があるのかも問題になりますよね。

> 精神科や心療内科の場合、医師によっては、カルテの中に、かなり細かく患者の発言を記載している場合があります。医師への発言内容がパワハラに関するものである場合、パワハラと精神疾患との因果関係を認めるための有力な証拠になります。
>
> カルテに発言内容等が記載されていなければ、パワハラの時期と発症の時期を対比して、発症の原因はパワハラしかないと主張するほかないと思います。

――その他に証拠収集する手段はありますか。

自ら保有しない証拠を収集する手段としては、提訴前には証拠保全、提訴後には文書送付嘱託、調査嘱託、文書提出命令等があります。パワハラの事案では、使用者側も的確な証拠を持っていることは少ないので、使用者に対して、これらの手段は使うことはあまりないかもしれません。ただし、業務日誌等の文書にパワハラに関する記載がある場合もありますし、パワハラについて調査報告書を作成している場合もありますので、それらの文書について、裁判所を通じて出させる努力はしたほうがよいと思われます。

**——ところで、使用者は、労働者から精神疾患に関する病状の報告を求めることができますか。**

　使用者としては、安全配慮義務を果たす意味でも、労働者の病状を把握しておきたいところです。使用者は、必要に応じて、就業規則等に基づき、産業医や使用者の指定する医師に受診すること、受診結果を報告することを命ずることができます。できれば、直接、医師に症状を確認したいところです。もっとも、精神疾患に関する情報は、労働者のプライバシーに属しますので、慎重に取り扱う必要があります。

健康状態については、非常にセンシティブな情報であり、重要なプライバシーですので、基本的に医師から使用者への情報提供は許されないと考えます。

プライバシーは重要ですが、使用者が労働者の症状を全く知らなくてよいというのは問題があると思います。使用者には、安全配慮義務が課される以上、労働者の体調や健康、精神状態を把握する必要があります。そうでなければ、安全配慮義務を果たすことはできません。労働者側としても、健康に問題が生じた場合には、「使用者は労働者の健康状態を把握すべきだった」と主張することになるでしょう。医師からの情報提供等がプライバシーを侵害するので許されないと言われ、一方で、労働者の健康状態を把握しておくべきであると言われると、使用者としては、無理難題を言われていると受け取らざるを得ません。

——使用者の健康配慮とプライバシーの関係については、学説上も対立があり、労働者がプライバシーを重視して健康情報を開示しない場合には、使用者は配慮のしようがなく、使用者の責任が軽減されるという考え方と、労働者の生命・身体・健康という法益の重要性を考慮して、労働者のプライバシー保護の要請を後退させようとする考えに大きく分かれています。

東芝（うつ病・解雇）事件（最二小判平成26年3月24日集民246号89頁・労判1094号22頁）では、最高裁は、過失相殺の可否を判断するに当たり、「精神

的健康(いわゆるメンタルヘルス)に関する情報は、神経科の医院への通院、その診断に係る病名、神経症に適応のある薬剤の処方等を内容とするもので、労働者にとって、自己のプライバシーに属する情報であり、人事考課等に影響し得る事柄として通常は職場において知られることなく就労を継続しようとすることが想定される性質の情報」であり、「使用者は、必ずしも労働者からの申告がなくても、その健康に関わる労働環境等に十分な注意を払うべき安全配慮義務を負っている」と指摘し、労働者からの積極的な申告が期待し難いことを前提とした上で、労働者の心身の健康への配慮に努める必要があるとしています。

## 5 法的手続の選択

——実際に法的手続をとるとして、どのような手続選択をしますか。

パワハラの事案では、原則的には訴訟ではないかと思います。労働審判や仮処分も場合によっては考えられます。個別労働紛争解決促進法による労働局や都道府県労働委員会のあっせんもありますが、パワハラの事案は事実関係が複雑なことも多く、一般的にはあっせんには適していないと思われます。

——訴訟ではなく、労働審判を選ぶのは、どのような場合ですか。

労働審判の対象は、「労働契約の存否その他の労働関係に関する事項について個々の労働者と事業主との間に生じた民事に関する紛争」(労働審判法1条)とされていますから、パワハラの行為者は相手

方にはなりませんので、パワハラの行為者に対して不法行為責任は問えないことになります。もっとも、パワハラの行為者を利害関係人として参加させることはできると思います。本事例とは異なり、労働者が在職中であれば、使用者に対して、職場環境配慮義務の具体化を求めて労働審判を起こすことも考えられます。労働審判は、話合いの場ですから、今後、パワハラが起きないためにはどうすればよいのかということを審判の席で話し合うこともできるかと思います。

　労働審判は、原則3回の期日で解決を図ります。本事例のように事実関係が複雑な事案では、十分な審理が行えないため、労働審判は適していないと思います。

——仮処分を選ぶのは、どのような場合ですか。

　仮処分は、既に退職し、収入がなく、日々の生活に困っているような場合、労働契約上の地位保全の仮処分及び賃金の仮払いの仮処分を申し立てることが考えられます。労働者が在職中で、現にパワハラが継続している場合には、人格権又は職場環境配慮義務の履行請求権を被保全利益として、パワハラの禁止・差止めの仮処分を行うことも考えられます。

パワハラの禁止・差止めといっても、禁止・差止めの対象となる将来の行為を特定することは困難と思われます。職場環境配慮義務の履行請求も、義務内容の特定や履行の実効性確保は困難と思われます。パワハラと主張される行為の有無及びその評価を争う場合には、最終的には、訴訟で解決するほかないでしょう。

## 6　訴訟における主張・立証

——Xが訴訟を提起するとして、どのような点に注意して主張をしますか。

　パワハラは、職場内の人間関係をもとに発生するものです。加害者の言動を個別で伝えるだけでは、裁判所に十分にわかってもらえないと思います。パワハラ行為を主張する前提として、まず、どういう職場か、職場内の人間関係はどうなのかを伝える必要があります。上司がパワハラ行為に至った経緯も、上司との従前の関係等も含めて、具体的かつ詳細に伝える必要があります。

——使用者側はどうですか。

　上司の行為が、業務の適正な範囲と言えるか、使用者と関係のない行為はないかを検討することになります。また、上司の行為により、精神疾患が生じ

> たわけではない、つまり、上司の行為と精神疾患の発症の因果関係を争うことになるでしょう。この点は、病院に診断書・カルテ等の医療記録の送付嘱託等を行い、産業医に意見を聴くこともあります。パワハラが精神疾患の原因の一つだとしても、そもそも労働者に素因がある場合、賠償額の減額を求めることも考えられます。特に労働者に既往症が存在する場合等はこれを主張します。そのほか、労働者に業務上のミスがあったり、態度に問題がある場合には、厳しい指導・叱責も業務の適正な範囲であると主張し、併せて、過失相殺を主張することも考えられます。

――裁判実務上、素因減額については、「労働者の性格が同種の業務に従事する労働者の個性の多様さとして通常想定される範囲を外れるものでない限り」、損害賠償額の決定に当たりそれを斟酌することはできないという電通事件（最二小判平成12年3月24日民集54巻3号1155頁・判時1707号87頁）の基準に即して、損害賠償額の減額を否定するものが多いと言えますが、被害者側の落ち度を指摘し、過失相殺を認めているものもあります。

――損害賠償を求める場合、損害額の基準はあるのでしょうか。

精神的な損害は、特に基準はありません。労働者とよく協議して決めるほかないでしょう。もっとも、交通事故の賠償額が参考になるかもしれません。例えば、交通事故の基準に倣い、精神疾患の治

> 療期間から入通院慰謝料を算定し、回復困難な症状を後遺障害とみて後遺症慰謝料を算定することが考えられます。

> 交通事故の基準を参考にする場合、そもそも入通院日数が相当かを検討する必要があります。裁判所に送付嘱託を申請し、病院からカルテ等を入手し、治療の相当性を検討し、場合によっては、労働者の症状についても、後遺障害に相当するものかなどを検討することになると思われます。

――本事例が参考にしたザ・ウィンザー・ホテルズインターナショナル（自然退職）事件（前掲東京高判平成25年2月27日、東京地判平成24年3月9日）では、上司の飲酒強要、精神的苦痛を与える留守電・メール等について、不法行為の成立を認め、慰謝料150万円（一審は70万円）を認めています。しかし、パワハラと精神疾患との因果関係は否定し、休職命令及びその後の自然退職の不当性を否定しています。

## 7　雇用保険・労災請求

――裁判以外の施策について考えていきたいと思います。Xは、退職扱いになっており、収入がないですよね。Xとして、どのように生活費を工面していけばよいのでしょうか。

> 自然退職の有効性を争いつつ、雇用保険の求職者給付の基本手当（失業給付）の受給（いわゆる「仮

給付」）を考えます。本件が「上司、同僚等からの故意の排斥又は著しい冷遇若しくは嫌がらせを受けたことによって離職した者及び事業主が職場におけるセクシュアル・ハラスメントの事実を把握していながら、雇用管理上の措置を講じなかった場合」で「解雇されたもの」に該当する場合、「特定受給資格者」の請求をすることも視野に入れます。「特定受給資格者」に該当する場合、そうでない場合に比べて給付日数が多くなっています。また、本件とは直接関係ありませんが、「特定受給資格者」に該当すれば、被保険者期間が12か月以上なくても、6か月あれば、雇用保険を受給できることになります。

**――受給に当たり注意する点はありますか。**

　手当受給の要件である「失業」とは、被保険者が離職し、労働の意思及び能力を有するにもかかわらず、職業に就くことができない状態にあることをいうとされていますので、そうでない場合は受給できないことになる点に注意する必要があります。例えば、仮にＸの精神疾患がひどく、到底働くことができないような場合には、そもそも労働能力を欠くことになりますので、雇用保険の失業給付は支払われないことにも留意すべきでしょう。

――裁判で自然退職の有効性を争う場合、仮給付の申請に当たり注意する点はありますか。

　後日、労働契約上の地位が認められたような場合には、返納を求められるので、注意したほうがよいでしょう。

――雇用保険以外に考えることはありますか。

　本件は、職場のパワハラによって精神的な疾病を患ったケースであり、労災保険の給付請求を考えなければなりません。

――労災保険の給付請求を行う上で考えなければならないことは何ですか。

　請求できる期間には注意が必要です。療養給付・休業給付は労災事故が発生してから2年で時効になります。また、障害年金・一時金、遺族給付・一時金も5年で時効になりますから、注意が必要です。本件では、継続的に診療費が発生しているのですから、現在から遡って2年分の診療費と今後の診療費が請求できると考えます。治療は継続しているが、既に、これ以上よくなる見込みがなく症状固定となっている場合には、障害補償給付のほうを請求していきます。

――労災申請の流れはどうなるのですか。

被災者が所轄労働基準監督署長への給付金支払請求をする必要があります。仮に労災給付が認められないような場合には、行政上とるべき手続として、都道府県労働局（労働者災害補償保険審査官）に対する審査請求、厚生労働省（労働保険審査会）に対する再審査請求があります。そして、少なくとも審査請求を経ないと、労働基準監督署長の不支給処分に対する取消訴訟を提起することはできません。注意が必要です。

**――労災保険の受給の可否を争うことになった場合、何が争いになりますか。**

　争いになるのは、業務起因性と考えられます。被災者が精神障害を罹患した場合、それが「業務上」の事由による疾病に該当しなければ労災保険法は適用になりません。パワハラによる精神障害の場合、労働基準法施行規則35条と別表１の２第９号に該当するかが焦点となります。具体的には「心理的負荷による精神障害等に係る業務上外の判断指針」に基づいて判断されることになります。同指針における要件は三つあり、①「判断指針」で対象とされている精神障害を発症していること（パワハラ関係でいえば、Ｆ３気分（感情）障害、Ｆ４重度ストレス反応等ストレス関連障害など）、②発症前おおむね６か月の間に、客観的にその精神障害を発生させるお

それのある業務による強い心理的負荷が認められること、③業務以外の心理的負荷及び個体側要因によってその精神障害が発症したことが認められないことを立証していく必要があります。

## 8　使用者側がとるべき対応

――**本事例について、使用者側としては、本来はどのように対応すべきだったと考えられますか。**

本事例におけるXのように、使用者側から見ると問題のある労働者と考えられるケースでは、上司がその態度にいわば切れてしまってパワハラを行うというような状況があります。本来は、上司がXに適切な指導を行い、それが駄目なら使用者から懲戒処分を行うなど適切な対処が重要です。使用者における問題のある労働者に対する適切な対処・指導体制やパワハラ防止体制が不十分であった点が根本的な問題だったと言えます。

――**本事例は、パワハラが起きてしまったという事案ですが、使用者としては、パワハラが起こる前にどのような策をとるべきでしょうか。**

使用者としては、まずコンプライアンス体制を整える必要があります。セクハラに関するものですが、厚生労働省の「事業主が職場における性的な言

動に起因する問題に関して雇用管理上講ずべき措置についての指針」が参考になります。同指針では、使用者の啓発義務等が定められ、その具体的な方法が定められています。パワハラと正当な指導との境界は曖昧であり、何がパワハラかは必ずしも明確にできない状況です。使用者としては、いかなる行為がパワハラとなるのかを検討した上で、パワハラと考える行為を定めていく必要があります。特に管理職にはパワハラに関する研修・教育を徹底するべきでしょう。

**――万が一パワハラが起きていた場合、使用者は、どのような対応をすればよいでしょうか。**

　パワハラと思われる行為を認識した場合には、使用者は、被害者の意向を確認した上で、関係者の事情聴取を行い、パワハラが確認されたときは、前述のとおり、加害者の懲戒処分、配置転換等の職場環境の改善措置、パワハラ教育の実施等の再発防止措置をとる必要があります。被害者のメンタルケアも必要でしょう。

**――パワハラの問題に限りませんが、メンタルヘルスの問題が生じた場合や、生じていなくとも、人間関係が悪化して職場環境が良好と言えない状況になった場合には、労働者は、一度休職をしなければならなくなることがあります。そのような場合に備えて、メンタルヘルスケアや、さらに職場への段階復帰を**

**行うための制度など、職場復帰支援の体制を構築しておくことも必要となります。**

> パワハラ対策としては、内部又は外部の相談窓口の設置も考えられます。パワハラは、職場内の人間関係から上司や同僚には相談しにくい場合もあります。気軽に相談できる窓口とすることで、早期にパワハラを発見することにつながります。

# 勝訴への道標

　労働者にとって働くということは単に賃金を得るための手段にとどまらず、自己実現の手段であったり、それ自体が生きがいであったりします。パワハラは、そのように重要な価値を有する労働の価値を貶める許しがたい行為です。弁護士としては毅然とした態度で裁判に臨むことが必要です。

　また、パワハラにより精神的な疾病に罹患した労働者に対しては寄り添い、体調に配慮しながら手続を進めなければ、二次被害を生じさせるかもしれないという点も忘れてはなりません。

　使用者側としては、パワハラ問題が生ずる前に、企業内の体制を整えておくことが非常に重要です。企業の規模に応じて行えることは限られると思いますが、常日頃から、管理職にパワハラに関する研修を実施するなどし、パワハラを未然に防ぐよう、努力すべきでしょう。

# Case10　私傷病と労務受領拒否

1　Y社は、土木建築を目的とする株式会社で、従業員数は約130名である。Xは、Y社に雇用され、長年、本社の工事部に配置され、現場監督業務に従事してきた。なお、Xは、労働契約上その職種や業務内容が現場監督業務に限定されてはいなかった。

2　Y社における現場監督業務は、現場作業と事務作業に大別される。現場作業は、工事現場に赴いて下請業者等を指揮監督することを主要な内容とする。事務作業は、予算管理、図面や各種報告書の作成、工事の段取り、材料の手配、建築主や設計事務所との打合せ等を内容とする。現場監督業務における作業の割合は、現場作業が8割、事務作業が2割である。

3　Xは、平成22年夏、病院でバセドウ病に罹患している旨の診断を受け、以後、通院治療を受けたが、バセドウ病に罹患した旨をY社に申し出ることなく、平成23年2月まで現場監督業務を続けた。

4　バセドウ病に罹患すると、通常、動悸、息切れ等の症状があり、現場監督者がバセドウ病に罹患し、薬物治療を受けている場合、その症状及び薬物の副作用（疲労感等）によっては業務の遂行が困難又は危険な状況になることがある。

5　Xは、平成23年2月以降は、次の現場監督業務が生ずるまでの間の臨時的、一時的業務として、本社内の監理部で設計事務に従事した。その後、Xは、同年8月19日、翌20日から現場監督業務

に従事すべき旨の業務命令を受けた。これに対し、Xは、バセドウ病に罹患しているため、現場作業には従事できない旨をY社に申し出た。

6　Y社は、Xに診断書と病状の説明書の提出を求め、それらを検討した結果、Xが現場監督業務に従事することは不可能であり、Xの健康面・安全面でも問題を生ずると判断して、平成23年9月30日、Xに対し、翌10月1日から当分の間自宅でバセドウ病を治療すべき旨の自宅療養命令を発した。

7　これに対して、Xは、自宅療養命令が発令後も、事務作業を行うことはできるとして、「デスクワーク程度の労働が適切と考えられる」旨の主治医の診断書を提出した。しかし、Y社は、診断書にXが現場監督業務に従事し得る旨の記載がないことから、自宅療養命令を継続した。

8　平成24年1月、XからY社に対して「Xの症状は仕事に支障がなく、スポーツも正常人と同様に行い得る状態である」旨の主治医の診断書が提出された。Y社は、Xに復職命令を発し、Xは現場監督業務に復帰した。

【設問】
　Xは、Y社に対し、自宅療養期間中の賃金を請求できるか。

## 1　導　入

——本事例は、片山組事件（最一小判平成10年4月9日集民188号1頁・判時

1639号130頁）の事案を参考にしています。同事件の判決は、労働者が病気休職した場合の治癒の判断にも応用されるなど、広い射程を持っています。同事件では、労働義務が履行不能になった場合について、反対給付である賃金請求の可否が問題となっています。まず、労働者が労務を提供した場合について、使用者に賃金を請求する要件は何ですか。

　賃金請求の請求原因は、①労働契約の成立（賃金の額、締日、支払日を含む）と②労働義務の履行です。労働義務の履行は、債務の本旨に従ったものである必要があります（民法493条）。

——何らかの理由により、労働義務が履行不能になった場合、労働者は、賃金を請求できますか。

　①労働義務の履行不能が、労働者の故意又は過失に基づく欠勤等、労働者の帰責事由に基づく場合、労働者の債務不履行として、労働者は賃金を請求できません。
　②履行不能が、災害等の不可抗力等、労使双方に帰責事由がない場合、危険負担の問題となり、民法536条1項により、労働者は賃金を請求できません。
　③履行不能が、使用者の帰責事由に基づく場合、民法536条2項により、労働者は賃金を請求できます。

——履行不能が使用者の帰責事由に基づく場合の賃金請求の要件は何ですか。

①労働契約の成立、②労働義務の履行不能（㋐労働者の債務の本旨に従った履行の提供＋㋑使用者の受領拒絶）、③履行不能が使用者の帰責事由によることです。

労働者が債務の本旨に従った履行の提供をしたにもかかわらず、使用者がその受領を拒絶した場合、基本的には、労働義務の履行不能は、使用者の帰責事由によると考えられます。

——なお、賃金債務の遅延損害金の利率は、商法514条により、年6％です。

　ちなみに、退職した労働者の場合、賃金の支払の確保等に関する法律6条により、退職金を除き、退職日の翌日から利率が年14.6％になります。労働基準法114条の付加金に対する遅延損害金の利率は、年5％になります。

## 2　労働義務（労務）の内容

——賃金請求の可否は、労働義務の履行又はその提供が債務の本旨に従っていたか否かによるわけですね。まず、Ｘの労働義務（労務）の内容は何でしょうか。

自宅療養命令前のＸの労務は、現場監督です。現場監督は、現場作業8割、事務作業2割で、現場作業が中心的な業務です。

## 3　債務の本旨に従った履行の提供

——Ｘは、バセドウ病を理由に、現場作業に従事できない旨を申し出ています。

**Xは、債務の本旨に従った労働義務を履行したと言えるでしょうか。**

> 現場監督は、現場作業が8割であり、事務作業に従事するだけでは、債務の本旨に従った労働義務を履行したとは言えません。

> その考え方では、たまたま、現在、設計事務を命じられているか、現場監督を命じられているかによって、労働義務の履行が債務の本旨に従ったものになるかどうか決まってしまいます。その結論は、少なくとも、本事例のように、職種が限定されず、一定の配置転換が予定されている労働契約においては、不合理です。
>
> Xは、現場作業に従事できない旨を申し出ています。裏を返せば、事務作業には従事できる旨を申し出ています。Y社の業務としては、現場監督だけではなく、設計事務等の事務作業も存在しますし、X自身も設計事務等に現に従事したことがあります。主治医もデスクワーク程度の労働は認めています。配転可能な業務があり、Xがその提供を申し出ている以上、債務の本旨に従った労働義務の履行の提供があるというべきです。

── **最高裁は、片山組事件の判決でどのように判示していますか。**

> 片山組事件の判決では、「労働者が職種や業務内

容を特定せずに労働契約を締結した場合においては、現に就業を命じられた特定の業務について労務の提供が十全にはできないとしても、その能力、経験、地位、当該企業の規模、業種、当該企業における労働者の配置・異動の実情及び難易等に照らして当該労働者が配置される現実的可能性があると認められる他の業務について労務の提供をすることができ、かつ、その提供を申し出ているならば、なお債務の本旨に従った履行の提供があると解するのが相当である。そのように解さないと、同一の企業における同様の労働契約を締結した労働者の提供し得る労務の範囲に同様の身体的原因による制約が生じた場合に、その能力、経験、地位等にかかわりなく、現に就業を命じられている業務によって、労務の提供が債務の本旨に従ったものになるか否か、また、その結果、賃金請求権を取得するか否かが左右されることになり、不合理である。」と判示されています。

片山組事件の判決では、他の業務に「当該労働者が配置される現実的可能性がある」かどうかが重要な判断要素になっています。その判断には、「能力、経験、地位、当該企業の規模、業種、当該企業における労働者の配置・異動の実情及び難易等」といった様々な要素を考慮する必要があります。債務の本

旨に従った履行の提供か否かは、Y社の設計事務の量や人員構成も考慮する必要があります。

――**上記の要素は、相談を受けた際に確認しておく必要がありますね。**

## 4　相談対応

――**Xが弁護士に相談に来たとして、どのような点に注意して相談を受けますか。**

　まずは、Xの言い分をじっくり聴きます。依頼者との信頼関係を構築するためにも、初回の相談の際には、相談者の話をよく聴く必要があります。また、事件の概要を把握するために、事実の経過を時系列で説明してもらいます。本事例では、Xがバセドウ病に罹患したことが紛争のきっかけですので、バセドウ病の病状や原因等をわかる範囲で教えてもらいます。病気の内容や原因は、業務上の疾病か否かを判断する上でも必要ですし、今後の就労の仕方にも影響しますので、大切です。

――**Y社が弁護士に相談に来た場合、どのような点に注意して相談を受けますか。**

　紛争予防という意味では、Y社が自宅療養命令を発する前に相談に来てほしいところですが、Y社が相談に来るのは、Xが未支給の賃金を請求した後に

なる場合も多いでしょう。その場合、片山組事件の判断枠組みに従い、Y社の規模・業種・業務の内容、Xの能力・経験・地位・従前の担当業務・病状・体調・病状の申告の有無、Y社の労働者（正社員だけではなく、パート、契約社員等も含みます。）の配置、異動の実情・難易等を細かく確認します。

## 5　証拠の収集

——**本事例では、どのような証拠が考えられますか。**

Xは、就労の意思を有しているわけですから、就労可能であることを証明できる主治医の診断書が必要です。Xは、Y社に診断書を提出していますので、その写しを見せてもらいます。場合によっては、直接、主治医から意見を聴いたり、医学文献を確認することもあるかもしれません。

また、Xの従前の勤務状況を説明するため、Xの陳述書を作成します。片山組事件の判決を意識して、Xが債務の本旨に従った履行の提供をしたことを示す必要があります。

Y社としては、Xが債務の本旨に従った履行の提供をしていないことを積極的に主張・立証します。そのためには、Xを事務作業に配置転換することが

現実的に不可能であることを言う必要があります。Y社の規模・業種・業務の内容、Y社の労働者の配置、異動の実情・難易について、客観的資料をもって証明したいところです。具体的には、会社の組織図で人員配置全体を立証します。配置転換の現実的可能性は、客観的資料での立証は難しいでしょうから、担当者の社内ヒアリングメモ、社内の会議の議事録や陳述書等で、配置転換が可能な部署がないことを立証することになるでしょう。

## 6　解決方法

**――XがY社に賃金を請求する場合、どのような手続・方法で進めますか。**

まず、示談交渉を試みます。ただ、本事例では、交渉で解決するのは難しいかもしれません。次に、裁判所の手続として、労働審判が考えられます。

**――労働紛争を解決するには、他の機関・手続もありますが、なぜ、裁判所の労働審判なのでしょうか。**

裁判所の手続でも、仮処分や訴訟がありますし、労働局や労働委員会のあっせんもあります。本事例で、問題となる「債務の本旨に従った履行の提供」の有無は、法的な判断が必要ですので、裁判所が適しています。裁判所の手続の中で、仮処

分では、保全の必要性が要件です。本事例では、既に復職していますので、保全の必要性は認められません。自宅療養命令が長期にわたり継続する場合、賃金の仮払い仮処分も検討の必要がありますが、健康保険から傷病手当金（健康保険法99条）を受給できる場合、この点も踏まえて保全の必要性は判断されます。訴訟も考えられますが、早期の解決を目指すのであれば、原則3回の期日で終了する労働審判を試みるのがよいと思います。

　Y社としても、労働審判で早期に解決ができればメリットは大きいでしょう。ただ、労働審判で解決できるなら、示談交渉の時点で解決できる可能性も高いように思います。交渉の内容いかんでは労働審判は適さず、最初から訴訟をするのがよい場合もあるかもしれません。

# 勝訴への道標

　労働者が使用者側の全ての事情を把握することは困難であるため、XがY社の他の業務に「配置される現実的可能性」を立証するのは難しいでしょう。もっとも、Xとしては、自身の過去の業務経験や他の社員の勤務形態等から「現実的可能性」を指摘していく必要があります。

　また、労働者が病気を抱えている場合、無理をさせて病状が悪化してしまっては、訴訟継続のみならず、雇用自体の継続も難しくなるかもしれませんので、Xの体調には十分に留意する必要があります。

　使用者としては、紛争を予防することが大切です。労働者が疾病に罹患した場合、当該労働者に対する一定の配慮も必要ですから、産業医にとるべき措置について相談することも有効です。

　Y社には、病気休職の制度があるのかどうか判然としませんが、労働者に対する配慮としても、紛争予防としても、休職制度は就業規則で整備しておくべきです。また、労働者が傷病手当金の支給を申請

するよう、Y社としても申請を支援するのがよいでしょう。

# 裁判例等年月日別索引

## 【裁判例】

| | |
|---|---|
| 昭和43年12月25日 | 最大判／民集22巻13号3459頁・判時542号14頁・判タ230号122頁（秋北バス事件）　*137* |
| 昭和46年３月10日 | 高知地決／労民22巻２号209頁（高知放送事件）　*054* |
| 昭和47年５月24日 | 大阪地判／労判155号53頁（大阪電業事件）　*053* |
| 昭和49年７月22日 | 最一小判／民集28巻５号927頁・判時752号27頁・判タ312号151頁（東芝柳町工場事件）　*090、093* |
| 昭和52年12月13日 | 最三小判／民集31巻７号1037頁・判時873号12頁・判タ357号133頁・労判287号７頁（富士重工業事件）　*039* |
| 昭和52年12月19日 | 東京地判／判タ362号259頁・労判304号71頁（泉屋東京店事件）　*044* |
| 昭和54年10月30日 | 最三小判／民集33巻６号647頁・判時944号３頁・判タ400号138頁・労判392号12頁（国鉄札幌運転区事件）　*054* |
| 昭和58年２月28日 | 岐阜地判／行集34巻２号327頁・判時1079号38頁　*042* |
| 昭和58年８月30日 | 大阪地判／労判416号40頁（立正運送事件）　*118* |
| 昭和58年９月16日 | 最二小判／集民139号503頁・判時1093号135頁・労判415号16頁（ダイハツ工業事件）　*028* |
| 昭和61年７月14日 | 最二小判／集民148号281頁・判時1198号149頁・判タ606号30頁・労判477号６頁（東亜ペイント事件）　*155、159、161* |
| 昭和61年12月４日 | 最一小判／集民149号209頁・判時1221号134頁・判タ629号117頁・労判486号６頁（日立メディコ事件）　*090* |
| 昭和63年２月16日 | 最三小判／民集42巻２号60頁・判時1278号147頁・判タ668号74頁・労判512号７頁（大曲市農協事件）　*141* |
| 昭和63年10月26日 | 大阪地判／労判530号40頁（関西ソニー販売事件）　*119* |

*215*

| 平成元年12月7日 | 最一小判／労判554号6頁（日産村山工場事件） *157* |
| 平成3年11月28日 | 最一小判／民集45巻8号1270頁・判時1404号35頁・判タ774号73頁・労判594号7頁（日立製作所武蔵工場事件） *055*、*061* |
| 平成4年6月23日 | 東京地決／判時1439号151頁・労判613号31頁（朝日火災海上保険（木更津営業所）事件） *160* |
| 平成4年7月13日 | 最二小判／集民165号185頁・判時1434号133頁・判タ797号42頁・労判630号6頁（第一小型ハイヤー事件） *139* |
| 平成6年5月10日 | 旭川地判／判タ874号187頁・労判675号72頁（損害保険リサーチ事件） *167* |
| 平成6年6月13日 | 最二小判／集民172号673頁・判時1502号149頁・判タ856号191頁・労判653号12頁（高知県観光事件） *120* |
| 平成6年9月14日 | 東京地判／判時1508号157頁・労判656号17頁（チェース・マンハッタン銀行事件） *133* |
| 平成7年8月23日 | 名古屋高判／労判689号68頁（よみうり事件） *158* |
| 平成8年7月26日 | 東京地判／労判699号22頁（中央林間病院事件） *030* |
| 平成8年9月26日 | 最一小判／集民180号473頁・判時1582号131頁・判タ922号201頁・労判708号31頁（山口観光事件） *037* |
| 平成9年2月28日 | 最二小判／民集51巻2号705頁・判時1597号7頁・判タ936号128頁・労判710号12頁（第四銀行事件） *138* |
| 平成10年4月9日 | 最一小判／集民188号1頁・判時1639号130頁・判タ972号122頁・労判736号15頁（片山組事件） *204* |
| 平成10年9月10日 | 最一小判／労判757号20頁（九州朝日放送事件） *157* |
| 平成10年10月30日 | 大阪地判／労判750号29頁（株式会社丸一商店事件） *070* |
| 平成11年9月17日 | 最二小判／労判768号16頁（帝国臓器製薬事件） *162* |
| 平成12年1月28日 | 最三小判／集民196号285頁・判時1705号162頁・判タ1026号91頁・労判774号7頁（ケンウッド事件） *161* |
| 平成12年3月24日 | 最二小判／民集54巻3号1155頁・判時1707号87頁・判タ |

| | |
|---|---|
| | 1028号80頁・労判779号13頁（電通事件）　*194* |
| 平成12年8月28日 | 大阪地判／労判793号13頁（フジシール事件）　*160* |
| 平成12年9月7日 | 最一小判／民集54巻7号2075頁・判時1733号17頁・判タ1051号109頁・労判787号6頁（みちのく銀行事件）　*132*、*145* |
| 平成13年8月10日 | 東京地決／判時1808号129頁・判タ1116号148頁・労判820号74頁（エース損害保険事件）　*008* |
| 平成13年12月3日 | 東京地判／労判826号76頁（F社Z事業部事件）　*027* |
| 平成14年3月11日 | 東京地判／労判825号13頁（日本ヒルトン事件）　*102* |
| 平成14年11月26日 | 東京高判／労判843号20頁（日本ヒルトン事件）　*102* |
| 平成14年12月27日 | 東京地決／労判861号69頁（明治図書出版事件）　*161* |
| 平成15年10月10日 | 最二小判／集民211号1頁・判時1840号144頁・判タ1138号71頁・労判861号5頁（フジ興産事件）　*054*、*134* |
| 平成16年8月31日 | 神戸地判／判タ1179号221頁・労判880号52頁（プロクター・アンド・ギャンブル・ファー・イースト・インク事件）　*160* |
| 平成17年1月13日 | 大阪地判／労判893号150頁（近畿コカ・コーラボトリング事件）　*100* |
| 平成17年9月14日 | 福岡高判／判タ1223号188頁・労判903号68頁（K工業技術専門学校事件）　*029* |
| 平成18年1月25日 | 東京地判／判時1943号150頁・判タ1234号125頁・労判912号63頁（日音事件）　*135* |
| 平成18年4月14日 | 大阪高判／労判915号60頁（ネスレ日本事件）　*161* |
| 平成18年10月6日 | 最二小判／集民221号429頁・判時1954号151頁・判タ1228号128頁・労判925号11頁（ネスレ日本（懲戒解雇）事件）　*055* |
| 平成19年1月19日 | 大阪高判／労判937号135頁（クリスタル観光バス事件）　*135* |
| 平成19年7月13日 | 最二小判／集民225号117頁・判時1982号152頁・判タ1251 |

| | |
|---|---|
| | 号133頁（学校法人享栄学園事件）　*056* |
| 平成19年10月30日 | 東京高判／判時1992号137頁・労判964号72頁（中部カラー事件）　*145* |
| 平成20年3月25日 | 東京高判／労判959号61頁（東武スポーツ宮ノ森カントリー事件）　*102* |
| 平成20年10月21日 | 東京地判／労経速2029号11頁（損保ジャパン調査サービス事件）　*177* |
| 平成22年7月30日 | 東京地決／労判1014号83頁（明石書店事件）　*101* |
| 平成23年3月22日 | 最三小判／民集65巻2号735頁・判時2111号33頁・判タ1345号111頁　*042* |
| 平成24年2月17日 | 東京地判／労経速2140号3頁（本田技研工業事件）　*088* |
| 平成24年3月9日 | 東京地判／労判1050号68頁（ザ・ウィンザー・ホテルズインターナショナル（自然退職）事件）　*176、195* |
| 平成24年9月20日 | 東京高判／労経速2162号3頁（本田技研工業事件）　*088、100* |
| 平成25年2月27日 | 東京高判／労判1072号5頁（ザ・ウィンザー・ホテルズインターナショナル（自然退職）事件）　*176、195* |
| 平成25年4月9日 | 最三小決／労経速2182号34頁（本田技研工業事件）　*088* |
| 平成26年3月24日 | 最二小判／集民246号89頁・判タ1424号95頁・労判1094号22頁（東芝（うつ病・解雇）事件）　*190* |

### 【通知等】

| | |
|---|---|
| 昭和25年10月9日 | 厚生省保健局長通知／保発第68号（解雇の効力につき係争中の場合における健康保険の取扱について）　*033、049* |
| 平成11年1月29日 | 労働省労働基準局長通達／基発第45号（労働基準法の一部を改正する法律の施行について）　*036* |
| 平成11年3月31日 | 労働省労働基準局長通達／基発第168号（労働基準法の一部を改正する法律の施行に伴う関係通達の改廃について）　*125* |

| | |
|---|---|
| 平成12年12月20日 | 労働省／労働者の個人情報に関する行動指針　*027* |
| 平成24年1月30日 | 厚生労働省／職場のいじめ・嫌がらせ問題に関する円卓会議ワーキング・グループ報告　*176* |
| 平成28年5月11日 | 厚生労働省職業安定局雇用保険課／雇用保険に関する業務取扱要領（平成28年5月11日以降）　*031* |

労使の争点がよくわかる　ケーススタディ労働事件の実務

平成28年9月10日　第1刷発行
平成28年10月20日　第2刷発行

編　著　広島弁護士会労働法制委員会
発　行　株式会社ぎょうせい
　　　　〒136-8575　東京都江東区新木場1-18-11
　　　　　　　電　話　編集　03-6892-6508
　　　　　　　　　　　営業　03-6892-6666
　　　　　　　フリーコール　0120-953-431

〈検印省略〉　　URL：http://gyosei.jp

印刷／ぎょうせいデジタル㈱　©2016　Printed in Japan.　禁無断転載・複製
※乱丁・落丁本はお取り替えいたします。
ISBN978-4-324-10174-2
(5108268-00-000)
〔略号：ケース労働〕

## 弁護士会（単位会・ブロック会）の書籍

書類作成の意義を理解し、作成のポイントをおさえられる
### Q&A証拠説明書・陳述書の実務
岡山弁護士会民事委員会／編著　Ａ５判・定価（本体3,700円＋税）

立証実務の手引書　待望の改訂版！！
### 立証の実務 改訂版
―証拠収集とその活用の手引―
群馬弁護士会／編　Ｂ５判・定価（本体3,700円＋税）

より良い教育環境を目指す格好の書!!
### 事例解説 教育対象暴力
―教育現場でのクレーム対応―
近畿弁護士連合会民事介入暴力及び弁護士業務妨害対策委員会／編
Ａ５判・定価（本体3,200円＋税）

自然環境の下で発生する法律のトラブルを解決!!
### 自然をめぐる紛争と法律実務
―水・山・農地・土地・生物・災害等のトラブル解決のために―
長野県弁護士会／編集　Ａ５判・定価（本体4,200円＋税）

建築から購入・管理、建替えに至る法律実務を網羅！
### マンション・団地の法律実務
横浜弁護士会／編　Ａ５判・定価（本体3,300円＋税）

最新の慰謝料事情が見えてくる！
### 慰謝料算定の実務 第2版
千葉県弁護士会／編　Ａ５判・定価（本体3,800円＋税）

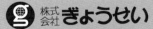
株式会社ぎょうせい
フリーコール　TEL：0120-953-431 [平日9～17時]
　　　　　　　FAX：0120-953-495 [24時間受付]
Web　http://gyosei.jp [オンライン販売]
〒136-8575 東京都江東区新木場1-18-11